kompaktwissen

URSULA GERSBACHER

Körpersprache im Beruf

Führen durch Körpersprache

Autorität und
Kompetenz ausstrahlen –
Manipulation
und Einschüchterung –
Die Signale der Gewinner

Originalausgabe

Wilhelm Heyne Verlag
München

HEYNE-KOMPAKTWISSEN
Nr. 22/279

Herausgeber der Reihe »kompaktwissen«:
Dr. Uwe Schreiber

2. Auflage

Printed in Germany 1992
Fotos: Walter Kurz, Memmingen
Reproduktionen: Autorin
Umschlaggestaltung: Atelier Ingrid Schütz, München
Satz: Schaber Datentechnik, Wels
Druck und Bindung: RMO Druck, München

ISBN 3-453-05464-4

Inhalt

DANKSAGUNG
an die Kaufbeurer Mitwirkenden:

Ich danke Herrn Walz, Inhaber des Herren-Modehauses Walz, und Herrn Markus Hein sowie Frau Gruber, Geschäftsführerin des Hotels Goldener Hirsch und ihrer Mitarbeiterin Frau Marion Nüser und Herrn Klaus Müller für die freundliche Mitwirkung an diesem Buch.

Frau Dietz, Inhaberin des Modehauses De Crignis, danke ich, daß sie ihre Räume und Kostüme großzügig zur Verfügung stellte.

Ich danke meiner Freundin Ingrid Müller, die sich wieder bereitwillig vor die Kamera stellte.

I. Vorwort

Zum Führen sei man geboren, heißt es. Andere wieder sagen, es sei eine Sache der Schulung. Auch wenn wir das hier nicht klären können — eines ist sicher: ohne Übung würde auch eine geborene Führungskraft an den Forderungen des Alltags scheitern.

Was bedeutet Führen?

Macht ausüben? Befehle und Anweisungen erteilen? Sich durchsetzen oder mit allen auskommen? Nichts dergleichen!

Führen bedeutet: Zielgerecht beeinflussen.

Wenn man genau hinsieht, beeinflußt jeder jeden, mindestens versucht er es. Daran ist nichts Negatives. Wer Ziele erreichen will — auch die ganz persönlichen im Privatleben —, ist dabei immer von anderen Menschen abhängig. Sie sollen möglichst nicht als Bremse auf dem Weg zu den eigenen Zielen wirken, sondern sich hilfreich oder wenigstens neutral verhalten. Dazu müssen sie motiviert, also beeinflußt werden.

Motivieren, kooperieren

Im Geschäftsleben beschränkt sich die Motivation nicht auf die Mitarbeiter, für deren Leistung und Wohlergehen die Vorgesetzten mitverantwortlich sind. Genauso wollen die eigenen Chefs, aber auch die Kunden, Lieferanten, Journalisten, Freunde, Bekannte für eine gute, allseits befriedigende Beziehung motiviert werden. Miteinander die Straße zum Ziel teilen, einander etwas Rückenwind geben oder eine Tasse Sprit in den Tank — wie auch immer: hilft jeder dem anderen, so ist allen geholfen — man kooperiert.

Aber was ist mit denen, die nicht kooperieren wollen, die andere vom Platz fegen möchten? Die konkurrieren, manipulieren? Ein andauernder Machtkampf ist die schlechteste Lösung, denn er verbraucht viel Energie, bindet Kraft und Beweglichkeit und überläßt oft einem Dritten die Fahrbahn.

In all diesen Situationen geht es um Kommunikation, um die Fähigkeit, miteinander »zurechtzukommen«. Dazu verhilft außer einer geschulten Gesprächstechnik vor allem die klare, starke Ausstrahlung einer sicheren Persönlichkeit. Glaubwürdig wird alles Reden erst durch eine übereinstimmende Körpersprache. Jeder kann die eigenen nonverbalen Signale kontrollieren lernen und sensibel werden für das Nichtgesagte im Verhalten der anderen.

Überzeugend und glaubwürdig führen — das ist Ziel des Körpersprache-Trainings für Chefs und solche, die es werden wollen.

Führer und Gefolgschaft sind in einem zweiseitigen Prozeß miteinander verbunden.

In einem guten Team sind Beziehungen zwischen allen Mitgliedern vorhanden, sie stellen ein Netz dar, auf dessen Leitungen die Kommunikation läuft. Informationen gehen von jedem aus und treffen bei jedem ein. Man sitzt heute am runden Tisch, zunächst ist nicht auszumachen, ob es sich überhaupt um eine hierarchisch gegliederte Gruppe handelt.

Die Zeiten der autoritären Machtausübung sind vorbei. Viel mehr Unternehmen sind Manager-geführt. Früher gab es noch den Firmengründer, der seinen Mitarbeitern und Kunden präsent war, der im günstigen Falle »Vater und Mutter« seiner Betriebsangehörigen war. Von der charismatischen Ausstrahlung eines patriarchalen Übervaters träumen heute nicht mehr viele Gefolgsleute. Einer der Gründe liegt in den satten Zeiten.

Charisma — das Undefinierbare

Charismatische Wirkung ergibt sich aus dem Zusammentreffen dieser Komponenten: Eine Krisensituation, eine starke

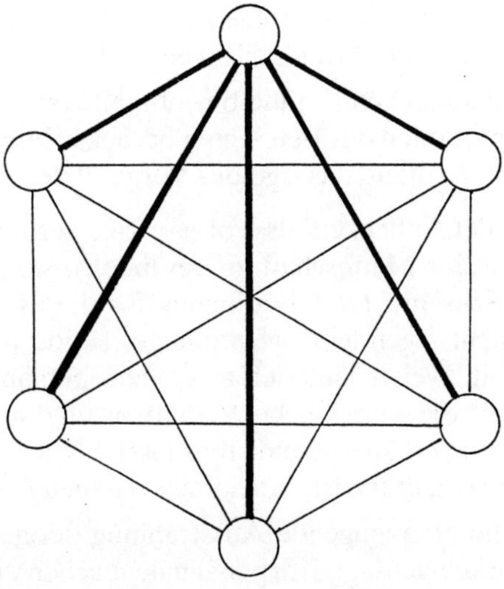

Das unsichtbare Band:
Die Beziehung zwischen Chef/in und jedem einzelnen der Mitarbeiter ist allerdings stärker als die Beziehung der anderen untereinander. So jedenfalls sollte es sein.

Persönlichkeit, die Lösung verspricht und genügend Gefolge mit entsprechendem Abhängigkeitsbedürfnis hat.
Die besondere Beziehung von großen Führungspersonen und deren Anhängern ist von intensiven Emotionen und großer persönlicher Anteilnahme der Beteiligten gekennzeichnet. Das moderne Management sucht diese Art der Führung zu vermeiden. Das Risiko neurotischer Beziehungen zum Führer ist sehr groß; es muß auch aufrechterhalten bleiben, wo die emotionale Abhängigkeit Teil der Unternehmenspolitik ist. Die Geführten leben in Erwartungen an einen »Firmenvater«, die nicht erfüllt werden können, weil dieses Bild unrealistisch ist.

Die Manager modern geführter Unternehmen, aber auch Selbständige und Freiberufler, die sowohl ihre Mitarbeiter wie ihre Kunden auf den Weg bringen müssen, stehen vor derselben Aufgabe: einen Führungsstil zu entwickeln,

- der den persönlichen Einfluß bewußt mit einbezieht,
- der die Emotionen der Beteiligten berücksichtigt,
- der nicht dazu dient, das Ego des Vorgesetzten zu stärken!

Eine starke Persönlichkeit als Vorgesetzter vermag die Wertvorstellungen der Mannschaft zu verändern, sie auf Firmenidentität »einzuschwören«. Bedingung für dieses Gelingen ist allerdings nicht irgendeine »Schulung«, sondern die eigene Überzeugtheit. Weiter läßt sich aus einem persönlichen Führungsstil nicht die persönliche Verantwortung ausklammern; diese Beziehung erhält also eine moralische Dimension, die da weit weniger vorhanden ist, wo einfach gemanagt wird.

Lautlos ist die überzeugende Ausstrahlung derer, denen man Führungsstärke nachsagt. Körpersignale machen einen großen Teil der Kommunikation aus, die direkt aus der innersten Persönlichkeit kommt und das Gefühl des Gegenübers bewegt. Was ist dazu nötig? Ständige Selbstkontrolle zum einen und ebenso entspannte Sicherheit. Und das soll zusammen gehen? Es geht, wenn man konsequent und in kleinen Schritten an die Profilierung seiner öffentlichen Person geht.

2. Macht und Dominanz

Die Ich-Stärke der Macher

Entspannte Sicherheit ist das Zeichen von Ich-Stärke. Es geht dabei um die Angemessenheit von Körperspannung. Extreme sind schlecht: Wenn jemand »herumhängt«, total relaxt oder etwas zuviel Muskelspannung zeigt. Zuviel bedeutet: für jeweils diese Situation! Denn der Körper, der sich wohl und sicher fühlt, bringt immer das erforderliche Minimum an Spannung auf, er arbeitet ökonomisch.

Schon ein wenig mehr als das Erforderliche für die jeweilige Situation deutet auf eine erhöhte innere, psychische Spannung hin. Schauen wir in die Werbung, sie ist ein Lehrbuch der Körpersprache!

Ich-Stärke und Körperspannung hängen unmittelbar zusammen — kontrollieren Sie sich selbst!

Ihre erste Selbst-Kontrolle sollte sich mit der eigenen Körperspannung beschäftigen. Jedes Führungskräfte-Training bringt auch Übungen zur Entspannung. Es gibt verschiedene, sehr wirkungsvolle Methoden, von denen sicher eine für Sie die richtige ist. Das kann Autogenes Training, Meditation, Yoga, Progressive Muskelrelaxation oder eine andere sein, Hauptsache, Sie können mit dieser Methode Ihre momentane Spannung in jeder Situation beurteilen.

Ohne eine solche gutgeübte Methode ist es sehr schwer, den Zustand von Überspannung wahrzunehmen, man kann es auch nicht durch das Lesen eines Buches lernen. Darum der ernstgemeinte Rat: tun Sie es!

In einem Gespräch ist jeder so mit den sprachlichen Informationen beschäftigt, daß er nicht auf die eigenen Körpersignale achtet und nicht auf die der anderen, es sei denn, sie werden auffällig. Aber selbst dann werden sie selten richtig bewertet.

Eine lockere Kollegenrunde, niemand zeigt Dominanzsignale, alle sind entspannt. Aber an den Händen sehen Sie, daß eine Person ein wenig mehr Spannung im Körper hat.

Die Arme der Dame sind »gehalten«. Man spürt es, wenn man die Pose selbst einnimmt. Man kann auch die Arme vor die Brust kreuzen und sie dabei wirklich entspannen; das sieht aber anders aus. Probieren Sie es vor dem Spiegel, dann werden Sie in Zukunft auf so ein wichtiges Detail achten und es werten können.

Wenn Sie selbst ein ständiges Bewußtsein Ihrer Muskelspannung, Ihrer Atmung und der Haltung haben, erkennen Sie alle diese Signale bei den Gesprächspartnern wieder.

Übermäßige Spannung entsteht in Streßsituationen, und Streß ist Überspannung. Das heißt, es schaukelt sich gegenseitig hoch. Jemand gerät in Streß (Zeitdruck, Ärger, Überraschung), verändert zwangsläufig die Körperspannung, atmet kürzer und hoch in den Brustraum, die Stimme wird schärfer, die erhöhte Spannung treibt nun den Streßpegel höher, wodurch sich die Spannung wieder erhöht. Wenn hier nicht sehr schnell eingegriffen wird, laufen die Reaktionen außer Kontrolle und wirken gesundheitsschädigend.

Selbst bei geringerem Anlaß, wenn sich die Aufregung in Grenzen hält, entgleitet doch die normale Körperspannung. Dies ist für einen geschulten Beobachter deutlich zu erkennen — er wird seine Schlüsse daraus ziehen. Denken Sie an die Pokerspieler! Angeblich verändert sich die Pupille zu triumphierender Größe, wenn der Gewinn winkt, oder verkleinert sich zum stechenden Blick bei Wut und Ärger.

Sie spüren bei aufkommendem Streß die beispielsweise veränderte Bauchspannung, Sie werden augenblicklich dagegen angehen und bewußte Bauchatmung gegen die Verhärtung einsetzen.

Sie geben nervösen Impulsen nicht nach und spielen nicht mit Gegenständen — es sei denn absichtlich (um die Verhandlungspartner zu nerven).

Gefühle von Unsicherheit verleiten Sie nicht dazu, sich im Stehen oder Sitzen zu »winden«, das heißt, eine krumme Haltung einzunehmen, auszuweichen. Sie werden auch diesen Wunsch des Körpers sofort wahrnehmen und sich aufrichten. Das gibt nicht nur ein besseres Bild ab, es hilft Ihnen auch, sich der Situation zu stellen.

Eine andere Blockade kann den überraschten Menschen überfallen, nämlich an der engsten Stelle des Körpers: dem Hals. Wir kennen den Ausdruck: es schnürt einem den Hals zu. Hier führt ein Schreck zu Bauch- und Zwerchfellspannung, die den Atem stocken läßt; gleichzeitig versagt einen Moment lang die Stimme. Das Denken hat sich ausgeklinkt, wo durch einen Streß der Körper das Kommando kurzfristig übernimmt. Selbstverständlich reagiert unsere Biologie normal und lebenserhaltend, nur ist im Geschäftsleben eine Überreaktion nicht erwünscht — denn es geht ja selten um Leib und Leben.

Hier muß schnell gegengesteuert und bewußtes Atmen angewendet werden, um sich nicht im Gespräch vollends zu verunsichern.

In Seminaren zur Entspannungstechnik lernen Sie, den Energiefluß im Körper nicht zu blockieren. So bleibt der Kopf frei für zielgerichtete Reaktionen und bewußtes Handeln. Deshalb: Wenn Sie es nicht schon längst praktizieren, jetzt sollten Sie sich zum Training anmelden.

Fast ebenso wichtig ist die Kontrolle über den eigenen Körper dann, wenn er den Drang zum »Nullbock« kundtut, wenn die äußere Form der inneren entspricht: schlapp, lasch, unlustig. Nicht immer ist es möglich, über Manipulation der Situation sich mehr Befriedigung und damit wieder Spannung zu verschaffen. Wer kann schon gleich gehen, wenn es ihm nicht mehr gefällt? Neue Konzentration kann dem Denken abgerungen werden, wenn die Muskelspannung das Gehirn unterstützt. Ein aktiver Körper hilft denken!

Aber selbst in ganz normalen Situationen gibt es Menschen, die eine chronische »Unterspannung« aufweisen, vielleicht nur in bestimmten Muskelgruppen. Sie senden damit widersprüchliche Signale in die Welt. Beispiele dafür bieten viele Frauen. Durch das Gehen auf hohen Absätzen stehen die Muskeln der Beine, des Gesäßes und der Rückenstrecker unter überhoher Spannung. Für das normale Gehen wäre ein Minimum an Kraftaufwand ausreichend. In den Händen und an der Kopfhaltung erkennen wir das Gegenteil: Da fehlt es an Kraft und Form. Der Kopf liegt sehr oft schräg zur Seite, die Gestik der Hände ist ohne Ziel und Richtung, von Zupacken keine Spur. In der geschäftlichen Kommunikation ist Klarheit angebracht. Nicht-kongruente Aussagen mögen erotisch interessant wirken, verwirren aber, wo es um Sachaussagen geht.

In der Werbung finden wir faszinierende Beispiele sehr subtiler Körpersignale, die Ihnen deutlich machen können, worauf in Gesprächen zu achten ist.

Ich-Stärke und Eigenmacht

Machen Sie das Spiel mit: Unterschiede suchen!

Abgesehen von der Kleidung — wie viele Unterschiede sind in diesen fast identischen Fotos aus der Werbung versteckt?

Vier.

1. Die Dame ist mit (geblähten) Nasenflügeln abgebildet.
Signal: sensibilisierte Körperöffnung als erotisches Zeichen.

2. Der Mund ist entspannt geöffnet, beim Herrn geschlossen.
Signal: Der geschlossene Mund ist eine Willensanstrengung, die oft nicht erbracht werden kann von Debilen (Schwachsinnigen), Senilen (Altersschwachen) und anderen Willenlosen, zum Beispiel beim Liebesspiel.

3. Der Dame wurde ein anderes Glas gegeben, das mehr Rundung hat und einen spielerischen Schliff, unten: gerade und markanter, aufwärtsstrebender Schliff.

4. Die Dame trägt lange, gelackte Nägel zum Zeichen, daß sie nicht körperlich arbeitet. Sie faßt das Glas zierlicher. Unten: stabil und elegant nach Vorschrift.

Führen heißt: »die Richtung bestimmen«, leiten. Diese Funktion erfüllt nur jemand, der das Ziel kennt.

Wer ein Ziel im Auge hat (auch im inneren Auge), hält den Kopf gerade, sonst bekommt er keine Peilung, und er steht und sitzt gerade, weil er innerlich immer auf sein Ziel fixiert ist.

Dieses Ausgerichtet-Sein ist ein Kennzeichen der machtvollen Persönlichkeit. Eine verbogene Körperlinie dagegen ist ein Zeichen innerer Schwäche, passiver Selbstbezogenheit, Introvertiertheit. Das Anlehnungsbedürfnis verstärkt diese Ausstrahlung.

Ein weiteres Signal:
Wer sich selbst die Hand hält, sucht bei sich Trost, braucht Beruhigung. Das Festhalten des eigenen Handgelenks oder Unterarms blockiert die Bewegungsfreiheit, verhindert also das Machen.

Der innere Zustand zeigt sich deutlich an den Gesten.

Die Macht liegt in den Händen

Machen bedeutet mischen, kneten, streichen, pressen, und zwar einen Teig, eine Masse, früher Gersteneig für Brot und Lehmbrei für das Flechtwerk beim Hausbau.

Auch heute sieht man den Händen die Macht an oder ihre Ohnmacht.

Es gibt passive Hände, die vor allem schön sein sollen, vielleicht gut für Zärtlichkeiten, und es gibt die, die etwas selbst in die Hand nehmen können, denen man es zutraut, daß sie etwas durchführen können.

Die Eigen-Ständigkeit

Was auf tönernen Füßen steht, ist nicht standfest, ein Bruder Leichtfuß wird keine Wurzeln schlagen. Die Beine sind für den Menschen derart wichtige Instrumente, daß ihre Symbolik in zahlreiche Bilder eingegangen ist und von jedem verstanden wird.

Ein Gesprächspartner, der keinen Standpunkt erkennen läßt, macht die anderen nervös, denn sie wollen sich ja orientieren: Wo steht der andere? Wo stehen wir? Eine klare Aussage hat die körperliche Entsprechung im stabilen Stand. Verhärtete Standpunkte sitzen nicht nur im Kopf, sondern auch in den durchgedrückten Knien. Flexibel und kommunikationsbereit erscheint dagegen der Mensch, der in Schrittstellung geht: Standbein/Spielbein.

Schlecht wird es für denjenigen ausgehen, der das ganze Gewicht seiner Argumente nur auf dieses eine Standbein packt, in der Hüfte einknickt und den Rücken krümmt. Ein schnellentschlossener Stoß von außen, und er kippt um.

Nun gibt es auch für diese Bein-Szenen Beispiele, die das Gegenteil zu beweisen scheinen. Da stehen manche Frauen ausgesprochen instabil beim Reden vor der Mannschaft und erweisen sich später in der Verhandlung als äußerst zäh. Das macht jahrhundertelanges Training. Frau kann sich von ihren Körperempfindungen zeitweise distanzieren und andere, auch starke Signale zeigen, die nichts mit dem wirklichen Befinden und schon gar nichts mit den momentanen Zielen zu tun haben. Es ist nicht immer klar, ob dieses Verhalten bewußt taktisch eingesetzt wird oder nur Gewohnheit und Erziehung ist.

Ob es eine gute Taktik ist, wird nur der Erfolg entscheiden. Sicher ist, daß Menschen mit Schwäche-Signalen in Verhandlungen und Gesprächen die anwesenden Gesprächspartner geradezu provozieren: Was schwach steht, soll fallen! Sie fordern Angriffe, mindestens aber versuchsweise Anstöße heraus und befinden sich viel öfter in Verteidigungskämpfen als andere, die an ihrer Stabilität keinen Zweifel lassen. Leider schieben

Um gut zu stehen, müssen die Füße Raum einnehmen. Wer sich ganz eng hinstellt, steht kippelig, schwankt wie ein Rohr im Wind. Da setzt sich manche/r lieber gleich an die Tischkante. Wer nicht allein stehen kann, sucht sich einen Halt.

Konica wirbt für klare Kommunikation — und wahrlich: die Körpersignale sind überdeutlich!

Die Beine zeigen den inneren Stand, das Stehen auf dem Boden der Tatsachen oder das Standhalten in dieser Situation.

Ein gesellschaftlicher Konsens sagt, daß das weibliche Bein ein erotisches Objekt sei. Daraus folgt: je mehr davon den Blicken der Umwelt preisgegeben wird, um so stärker wird diese Wirkung angestrebt.

Der Mensch kann auf zwei Beinen verbogen stehen, er kann andererseits auf nur einem Bein gerade stehen — es kommt auf die innere Ein-Stellung an.

Es gibt Menschen, die eine schmale Silhouette anstreben: sie nehmen wenig Raum ein in der Breite, wirken nicht bedrohlich.

Andere stellen sich mit offenem Oberkörper der Situation und demonstrieren Furchtlosigkeit.

Man kann sich an ein Objekt lehnen, sich ihm zuneigen oder besitzergreifend Hand daran legen.

Es ist nicht zu verwechseln: Ob eine/r sich aus Schwäche anlehnt oder besitzergreifend Körperkontakt bestimmt.

Dieser Mann steht zwar auf einem Bein, dennoch gerade und furchtlos (mich wird nichts umwerfen) und macht sich breit über dem kontaktierten Objekt.

Sich breit machen mit den Ellbogen, Raum einnehmen. Hier wird keinem Gesprächspartner etwas genommen mit der breiten Haltung, also dient sie allein dem eigenen Wohlgefühl, ist Ausdruck einer aktiven, raumgreifenden Grundeinstellung.

die Instabilen die Schuld an Provokationen und Diskriminierungen immer den Angreifern in die Schuhe. Sie verkennen, daß sie es zu Anfang selbst in der Hand hatten, ihr Image so oder so aufzubauen. Wer hat den wenigsten Ärger? Die, bei denen die anderen sich sagen: hier lohnt es nicht.

Trainingsprogramm für Macher

Selbstkontrolle Körperspannung

Sie können mit Ihrem Atem umgehen, beherrschen wenigstens eine Methode der bewußten Entspannung und werden damit die meisten Streß-Situationen bewältigen.

Jetzt kontrollieren Sie auf einer immer mitlaufenden inneren »Spur« Ihre ständige Muskelspannung und jede Veränderung. Sie vergleichen Ihre momentanen Ziele während einer Kommunikation mit der aufgewendeten Muskelenergie und können sich laufend korrigieren. So beugen Sie bereits dem Streß vor, noch ehe er sich im Körper festsetzt. Sie geben immer angemessene Signale an die Gesprächspartner ab, werden weder hektisch noch zu lasch agieren.

Diese Übung: Wahrnehmen der Spannung und Wahl der angemessenen Spannungs-Signale dauert etwa zwei Wochen, sofern Sie bereits in Entspannungstechnik fit sind. Wenn Sie damit erst beginnen, brauchen Sie bei regelmäßigem Üben vier Wochen, um die Wahrnehmung zu bekommen.

Ich-Stärke empfinden und ausstrahlen

Die richtige Energie fließt, die Spannung ist angemessen — jetzt konzentrieren Sie sich auf die Dynamik Ihrer Bewegungen. In unserem Kulturkreis gibt es bestimmte Vorstellungen und Vorbilder eines führungsstarken Menschen und seiner Bewegungsenergie. In anderen Ländern sehen diese Vorbilder anders aus. Bei uns gilt: wenig Gestik, aber zielgerichtet. Das ist durchaus ein sparsames Denken. Wir wedeln nicht mit den

Extremitäten, um unsere Überspannung abzubauen oder um besseren Gesprächskontakt herzustellen — das ist den Unbeherrschten und Ungebildeten überlassen.

An dieser Stelle wird Protest aufkommen. Ist es nicht überfällig, zu menschlicher Natürlichkeit und spontanem Verhalten zu finden? Sind wir nicht der alten Erziehung lange überdrüssig, die uns in eine Form preßt, die ständige Kontrolle der Rolle verlangt? Gruppendynamische Therapiesitzungen sind voll von verstörten Menschen, die erstmals im Leben sich selbst finden wollen, die ihre Rollen endlich fallenlassen und das wahre Selbst entdecken müssen, um nicht seelisch krank zu werden.

Vergessen Sie nicht: Dort geht es um einen anderen Menschentyp. Jeder müßte wissen, welchem Typ er angehört: führungsstark oder Teil einer Gruppe? Lämmchen oder Wolf? Wen es in die Führungsposition drängt, der leidet nicht im geringsten unter den Erfordernissen zur Selbstdisziplin, Selbstdarstellung und dem Zwang zur Öffentlichkeit, was heißt, ständig beobachtet zu werden und Kritik ausgesetzt zu sein. Das gehört eben dazu. So verwirklicht sich eine Führungsnatur.

Welche geistige Haltung gehört dazu? Die Führungsnatur verspürt in der Öffentlichkeit keinerlei Anlehnungsbedürfnis. Psycho-Hygiene gehört ins Familienleben, nicht ins Geschäft. Sie agiert immer zielgerichtet, niemals zufällig. Es ist also ganz ausgeschlossen, daß sie verworrene Signale aussendet oder solche, die auf mangelnde Willensstärke hinweisen.

Es ist anfangs nicht leicht, die eigene geistige Haltung zu leben, so daß sie als Überzeugungskraft für alle wahrnehmbar wird. Ist Ihre innere Haltung die einer Führungskraft? Sind Sie bereit, mehr Verantwortung für Ihre Handlungen zu tragen als die meisten Menschen? Sind Sie bereit, sich auf Glaubwürdigkeit abklopfen zu lassen und Rechenschaft abzulegen über Ihr Tun und Lassen? Sind Sie sicher, daß Sie unter Druck standhalten, daß Sie auch im Chaos noch für die Ihnen Anvertrauten Schutz und Stütze sind? Es ist leicht, sich zu wünschen: Ich will der Boss sein. Auf welcher tragfähigen Basis steht dieser

Wunsch? Es gibt kein Spiel, das »Chef-Spielen« heißt. Für die, die sich geprüft haben und — man muß es schon so benennen — sich berufen fühlen, gibt es nur diesen Weg.

Einige Zeichen von Stärke und Schwäche haben Sie am Beispiel der Werbefotos gesehen:

- Das Feine, Zarte, Künstlerische ist nicht führungsstark.
- Eng an den Körper gehaltene Arme und Hände wirken passiv und gehemmt.
- Enge Kleidung, wenig Stoff wirkt ärmlich.
- Unbekleidete Haut zeigt einen niederen Status — nicht etwa erotische Wirkung!

Die Kontrolle der starken Ausstrahlung erstreckt sich jetzt auf die Weite der Bewegungen mit den Armen und Händen. Gestik soll aus dem Schultergelenk kommen, der Ellbogen macht also die Bewegungen der Hände mit. Es muß Energie in den Händen sein, denn sie sind die Werkzeuge der Tat. Sie öffnen sich beim Sprechen zu den Partnern mit nach oben offenen, gebenden Gesten. Auch in Sprechpausen drücken sie sich niemals an den eigenen Körper, sondern bleiben in Redeposition, aktiv und zur Tat bereit.

Eigenständigkeit in allen Lagen

Der führende Mensch ist trittfest. Man traut ihm auch im unwegsamen Gelände aufregender Geschäfte ein sicheres Vorwärtskommen zu, andernfalls würden manche ihm die Gefolgschaft versagen.

Das bedeutet: Festigkeit geht vor Schönheit. Abgesehen vom Schuhwerk, auf das wir noch zu sprechen kommen, sollte der Gang tadellos sein: nicht hastig, nicht schleppend, nicht kopfüber stürzend, auch nicht marschierend. Mancher schiebt die Füße vor, mancher läuft seinem Kopf hinterher. Solche Eigenheiten lassen sich abtrainieren. Eine Video-Aufnahme schafft Klarheit.

Der Gang ist so sehr Ausdruck der inneren Dynamik, daß ein Um-Trainieren in »gewachsene Strukturen« eingreift. Wer Angewohnheiten sichtbar mit sich schleppt, wird zu tun haben, sie wieder loszuwerden. Aber die Mühe lohnt! Die Veränderung des Ganges durch Willenskraft verändert auch die innere Dynamik der Person zum Vorteil. So lange »ging es« — jetzt heißt es »ich gehe«. Man wird weniger abhängig von Stimmungen.

Der starke Mensch lehnt sich beim Stehen nicht an, er hält sich nicht fest. Er versteckt seine Hände nicht in den Taschen. Es muß trainiert werden, im Gespräch oder bei einer Rede frei zu stehen, auf beiden Beinen und mit lockeren und doch festen Händen eine zielgerichtete Gestik zu vollbringen. Der Spiegel hilft in der Anfangsphase.

Das Sitzen sieht nur auf eine Art optimal aus: Rücken gerade, bis an die Lehne zurücksetzen und anlehnen. Beide Füße auf den Boden, in leichte Schrittstellung gehen. Nicht unter den Stuhl ziehen! Die Hände liegen locker auf den Schenkeln. Sie fassen sich nicht gegenseitig an, verschränken nicht die Finger, spielen nicht mit etwas. Die Ellbogen stützen sich nicht auf die Armlehnen. Das zieht die Schultern hoch (oder eine, wenn man sich auf einen Arm stützt). Wenn die Armlehnen nicht zu hoch sind und die Ellbogen locker aufliegen können, mag es gehen.

Geradezu mitleiderregend sehen Damen im Mini aus, wenn sie versuchen, in weichen Sesseln eine gute Figur zu machen. Auch auf Stühlen wirkt es nicht überzeugend, die Knie zusammenzupressen und die Füße auseinanderzustellen. Sitzproben vor dem Spiegel mit der üblichen Geschäftsbekleidung sind ein absolutes Muß!

In Sprechpausen drücken sich die Hände nicht an den Körper, verschwinden nicht in den Taschen oder hinter dem Rücken, sondern bleiben sichtbar und bereit zu neuer Gestik. Die Bereitschaft, eingreifen zu können, wenn es erforderlich wäre, drückt sich hier aus; das gilt für das Sprechen vor der Gruppe ebenso wie im Einzelgespräch.

Ein komplettes Übungsprogramm für Rednerhaltungen und Gestik in Bildern finden Sie im gleichzeitig erschienenen Band 3 »Körpersprache im Beruf: Rhetorik« (Heyne Kompaktwissen 278).

Menschen mit Führungsqualität hängen niemals, in keiner Gesellschaft so schlaff herum, es wäre gegen ihre Natur. Auch mit diesem Energiepegel, der ja sehr gesund, weil ökonomisch, ist, kann der Mensch es zu etwas bringen. Nur für die Führungsspitze wird es nicht reichen.

Ein unharmonischer Gang kann im Video-Training und mit sehr viel Üben korrigiert werden.

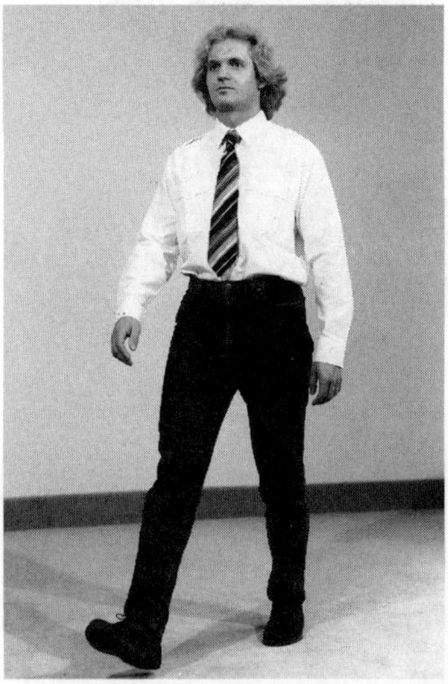

Es gibt tatsächlich einige Menschen, die laufen im Paßgang, das heißt, sie setzen Fuß und Arm einer Körperseite zugleich nach vorn. Das ist eine erhebliche Störung der Bewegungsharmonie.

Dagegen ist der normale Gang (linkes Bein + rechter Arm vor, rechtes Bein + linker Arm vor) ein gutes Mittel, um Energie aufzutanken. Ein flotter Marsch mit kräftiger gegenläufiger Bewegung der Extremitäten erfrischt und macht munter.

Sitzhaltungen sollten vor dem Spiegel überprüft werden:

Er füllt seine Sitzfläche aus, was ihm ja zusteht. Das zeigt Sicherheit, er fühlt sich wohl. In Gesellschaft ist es nicht gut, das Bein so über das andere zu legen. In lockerer Runde — vielleicht. Aber niemals die Schuhsohle dem Nachbarn vorhalten.

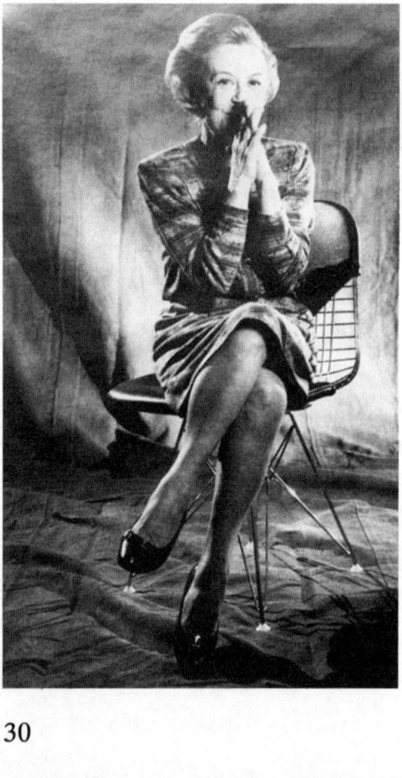

Die Pose einer Dame. Gerade bei der älteren Generation ist es oft unmöglich, nach vordergründigen Körpersignalen auf die wahre Natur zu schließen. Traditionelle Erziehung zu Selbstdisziplin haben Schwäche- und Weibchen-Signale zementiert, ohne daß tatsächlich die geringste Schwäche vorhanden wäre. Wie Ebner-Eschenbach sagte: Man fordere nicht Wahrhaftigkeit von den Frauen, solange man sie in dem Glauben erzieht, ihr vornehmster Lebenszweck sei — zu gefallen!

Bis hierher haben wir die Führungskraft angesehen, wie sie für sich allein wirkt, welche Ausstrahlung sie aufbringen und welche Fehler sie vermeiden sollte.

Die größte Hilfe dabei wird Ihnen, falls Sie trainieren wollen, die Video-Kamera sein. Stellen Sie sie auf ein Stativ, jeweils in die Höhe der Augen Ihres Gesprächspartners. Es sollten alle Variationen vorkommen: Sie sitzen, der andere steht und umgekehrt, beide sitzen, beide stehen und das Ganze mit verschiedenen Requisiten. Dann der Gang durch einen langen Flur.

Gespräche üben Sie ohne Partner, indem Sie ein anderes Stativ neben die Kamera stellen, darauf einen alten Ball oder eine Melone setzen und diesem Coach etwas erzählen. Das trainiert, an eine schweigsame Gruppe etwas heranzureden und auch mal ohne Feedback auszukommen.

Für den rein privaten Gebrauch könnten Sie sich auch mit versteckter Kamera in echten Gesprächen filmen. Das ist garantiert sehr aufschlußreich.

Wir kommen nun zur Kommunikation: Sie sind nicht mehr allein, sie proben das Miteinander. Zunächst mit den Ihnen anvertrauten Mitarbeitern.

3. Der Chef und sein Team

Im Mitarbeiterstab ist selbstverständlich nicht jede/r gleich. Das heißt, es wäre falsch, ein bestimmtes Führungsverhalten zu bevorzugen und bei allen anzuwenden.

Trotzdem gibt es Verhaltensweisen, die nicht nur jede Führungskraft, sondern überhaupt jeder Mensch in der Kommunikation vermeiden sollte. Es sind dies alle Zeichen der Anbiederung und Signale, die den Gesprächspartner herabsetzen.

Wir! Der engste Kreis

Sehr viele emotionale Nähe schwingt zwischen den wenigen Menschen, die täglich viele Stunden miteinander arbeiten, die zu den Vertrauten zählen. Der Stil des Zusammenlebens wird vom Chef, von der Chefin bestimmt. Jedenfalls sollte das so sein. Es gibt aber Fälle, in denen sich der Vorgesetzte vor dem Umgang mit seinen Leuten fast fürchtet, ihnen lieber aus dem Weg geht. Der Grund für solche Verunsicherung ist in der Regel das Unvermögen, mit den allseitigen Gefühlen umzugehen.

Nach jüngsten Umfragen gilt als gesichert — was ja eigentlich niemals bezweifelt wurde —, daß der arbeitende Mensch von seinen Vorgesetzten Menschlichkeit und emotionale Nähe wünscht. Auch nicht neu sind die Schwierigkeiten, die Führungskräfte mit diesem Anspruch haben. Heute gibt es im Gegensatz zu den Möglichkeiten der älteren Generation genügend Schulungen, die den Führungsneulingen das psychologische Wissen für Mitarbeiterbehandlung nahebringen.

Bei zu gründlicher Schulung könnte allerdings ein neuer Fehler installiert werden: Aus lauter Führungsverpflichtung vergißt der Chef, die Chefin, den eigenen Anspruch auf Menschlichkeit und Nähe. Dies ist der ewig wunde Punkt der Kommunikation: Wie soll jemand zugleich diszipliniertes Selbstmanagement leben, das ein sehr hohes Maß an Willensstärke erfordert, sich den Emotionen seines sozialen Umfeldes widmen und dazu die eigene seelische Gesundheit berücksichtigen?

Es hat den Anschein, daß weibliche Führungskräfte diesem komplexen Problem eher gewachsen sind. Der traditionell leichte Zugang zu den eigenen Gefühlen und das tiefere Verständnis für die anderen macht sie menschlicher. Wenn dazu die durch Studium und Beruf erworbene »männliche Härte« in einem gewissen Maße antrainiert ist, scheint dies eine brauchbare Mischung zu ergeben.

Fehler in der Teamführung

Da ist einmal das subtile Spiel von Abstand und Nähe. In den Distanzzonen der Menschen stehen die Fettnäpfchen zuhauf. Wer im Gespräch führen will, muß sich mit äußerster Sicherheit in diesen Räumen bewegen, die von zwei Medien regiert werden: den Worten und den Körpersignalen.

Gerade jungen Chefs und Chefinnen, die noch vom Uni-Duft umweht werden, ist das Gefühl des Abstandes völlig fremd. Man duzt sich nicht mehr automatisch, man ist nicht länger unter Gleichaltrigen und man spricht nicht im geringsten dieselbe Sprache. Der Neuling wird nicht recht verstanden, und er versteht seinerseits nicht oder falsch.

• Abstand halten!

Mentales Training kann dem Neuen helfen, sich in die veränderte Position einzudenken. Auch als Mitglied einer Arbeitsgruppe (Werbeton: »Wir sind ein junges, dynamisches Team!«) ist er Erster unter Gleichen. Das Gefühl für die eigene Verantwortung kann sich nicht entwickeln, wenn er/sie sich haltsuchend den anderen, meist älteren »Hasen«, an die Brust wirft.

Die anderen kennen sich bereits, sie stehen als fremde Phalanx frontal gegenüber, auch wenn sie im Kreis sitzen. Was liegt näher als das Ziel, sich schnellstmöglich als einer der ihren zu fühlen? Das liegt folglich auch locker auf der Zunge: »Ich bin nur einer von euch!«

Aber es hilft auf Dauer nichts. Führen bedeutet halt führen, und nicht mitspazieren.

Es sind bei weitem nicht alles Wir-Entscheidungen, die gefällt werden müssen. Aber sie möchten dann als solche verkauft werden. In dem Moment, wenn die Zusammenarbeit nicht glatt und gut geschmiert läuft, wenn Widerstände auftauchen, zeigt sich, ob Vorgesetzte ihren Stand vor der Gemeinde behaupten können oder leichtfertig ihre Autorität selbst untergraben haben. Wenn es dick kommt, erinnert sich eigenartigerweise selbst die letzte Putzfrau an den, der die Verantwortung trägt und den Kopf hinhalten muß — gestern, auf dem Betriebsfest, wurde noch die Wir-Arie lauthals gesungen.

In dieser komplizierten Kommunikation geht es also um den geschickten Weg des aufbauenden und schützenden Team- und Wir-Geistes mit klarer Verantwortlichkeit des Vorgesetzten.

Zerstört wird dieser schmale Pfad durch folgende Verhaltensfehler des Team-Chefs:

- **Er redet zu lange**

Wenn darunter noch deplacierte Ich-Aussagen oder emotionsgetragene Statements in reichlicher Form zu hören sind, ist das selbstzerstörerisch.

Warum? Sind Ich-Aussagen und das Mitteilen von Gefühlen nicht fördernd im Sinne des menschlichen Führens? Ja, aber sehr begrenzt, und sie müssen unbedingt zielgerichtet eingesetzt werden. Das Gegenteil wäre das unkontrollierte Plaudern des Chefs, der Chefin, um den eigenen Gefühlsstau loszuwerden. Ebenso schädlich ist Schimpfen, Nörgeln, Mekkern, Anspielungen, Klatschen über Dritte.

- **Er läßt die anderen sich zu lange aussprechen**

Auch hier schlägt bei einem Zuviel das Positive um ins Negative. Natürlich sollen die Mitarbeiter Vertrauen haben, und sie sollen sich auch aussprechen dürfen. Das darf aber nicht ausufern. Man kann seine Leute dazu erziehen, zielgerichtet zu sprechen, wenn man selbst in diesem Punkt ein untadeliges Vorbild ist.

Dann gibt es Ausnahmesituationen, zum Beispiel bei einer größeren persönlichen Krise eines Mitarbeiters. Wenn der Vorgesetzte sich für das Wohlbefinden seiner Leute mitverantwortlich fühlt, wird er sich dieses Menschen besonders annehmen. Dafür gilt: Hilfe zur Selbsthilfe! Er hat das problemlösende Denken gelernt und wird dem Hilfesuchenden damit Möglichkeiten für eine eigene Lösung der anstehenden Probleme geben. Er wird nicht etwa die Probleme des anderen selbst zu lösen versuchen! Es sei denn, sie beträfen direkt das Verhältnis der beiden zueinander.

Private Schilderungen während der Arbeitszeit, um die Zeit herumzukriegen, sollte der Vorgesetzte nicht mitmachen — nur in Ausnahmefällen, sozusagen als Bonbon — und solche nicht zu deutlich bei den anderen überhören. Er braucht sie nicht zurechtzuweisen; es ist besser, mit einer Sachfrage sanft dazwischenzugehen und somit für Arbeit zu sorgen.

- **Er geht zu nahe heran**

Sicher sieht es nett und menschlich aus, wenn Chef/in sich zu den Mitarbeitern auf den Schreibtisch setzt oder sich öfter beim Kaffee dazusetzt. Werden dabei, wie es üblich ist, sehr lockere Reden geschwungen, so ist das wieder kontraproduktiv. Die Lösung heißt: Entweder körpersprachlich nah und menschlich, also auf die Tischkante hocken — dann aber nur verbunden mit Sachgesprächen und etwas kühlerer Stimme. Oder umgekehrt: Kurzer, formeller Besuch, korrekte Haltung, Abstand halten und dazu eine sehr freundliche, auch privat anmutende Ansprache mit gutem Zuhören — aber wie gesagt: kurz!

- **Er stellt sich nicht**

Ausweichendes Verhalten, in der Regel als Unsicherheit über die eigene Rolle, irritiert die Mannschaft. Der Chef ist nicht präsent, stellt sich nicht. Das ist ausgesprochene Führungsschwäche. Niemals darf Chef/in nur durchs Zimmer eines Mitarbeiters huschen, womöglich den verlegenen Blick an die Wand geheftet, Überlastung vorschiebend.

Gute Vorgesetzte haben zwar nie überflüssige Zeit, aber sie haben Zeit. Die Kommunikation mit den Mitarbeitern hat erste Priorität, denn die Mitarbeiter sind das Kapital der Firma. Noch einmal: Kommunikation heißt nicht quatschen.

Der morgendliche Gruß soll schon motivierend wirken. Es ist normal, daß der Chef ein wenig wacher erscheint als die Mannschaft. Deswegen muß man nicht als Gschaftlhuber oder Spaßmacher auftreten, ruhige, leicht fröhliche Konzentriertheit ist richtig. Konzentriert heißt: »Das Auge des Herrn macht die Kühe fett!« Das Team weiß, Chef/in ist über alles informiert, ist an allem interessiert, sieht sicher nicht alles, aber das Wichtigste.

Also beim Grüßen jedem Angesprochenen einen wirklichen Augenblick schenken, auch einen kurzen, bewußten Blick auf dessen Arbeitsplatz. Der Betreffende registriert es. Sollte etwas nicht das Wohlwollen des Chefs finden, genügt vielleicht abermals ein kurzer Blick in die Augen des Schlampers. An der freundlichen Miene des Vorgesetzten ändert sich dabei nichts, es wird auch nichts von dem Mißstand erwähnt. Man gebe dem Mitarbeiter Gelegenheit, sich selbst langsam in eine Form zu bringen, die dem Stil des Teams entspricht! Nur wenn derjenige sich wirklich keiner Mängel bewußt ist und mangels Information vielleicht nicht sein kann, muß natürlich darüber gesprochen werden. Sollte etwas angesprochen werden müssen, muß es nicht gleich Kritik sein — solange es sich um Kleinigkeiten handelt. Wie wäre es mit einem »Ist alles in Ordnung, kommen Sie zurecht?« als Hilfsangebot, das noch konkretisiert werden kann?

- **Er mißachtet das »Gesicht« des Mitarbeiters**

Nicht nur die Asiaten fürchten sich davor, das Gesicht zu verlieren. Die persönliche Würde jedes anderen Menschen sollte uns heilig sein. In deutschen Betrieben — ich weiß nicht, wie andere dazu stehen — wird auf diesem Gebiet beschämend viel gesündigt. Die Vorstellung von einer Autorität, die sich auf das Recht zur Herabsetzung der Mitarbeiter stützt, spukt in entschieden zu vielen Vorgesetztenköpfen herum.

Es ist ein Fehler passiert, der Mitarbeiter hat etwas verpatzt. In aller Regel wird er sich selbst genügend ärgern. Was helfen jetzt noch hochschießende Emotionen? Dem eigenen Image dient am meisten der Chef, der strikt auf der Sachebene operiert, was das tatsächliche Unglück angeht, und eine persönliche Äußerung auf Verständnis für den Unglückswurm beschränkt. Nur wenn er den eigenen Fehler nicht erkennt, muß er im Interesse der weiteren Arbeit aufgeklärt werden, sonst würde sich etwas Ähnliches wahrscheinlich wiederholen. Wann kommt es denn schon vor, daß jemand bei seiner Arbeit absichtlich »Mist« baut? Eher ist eine Stimmungslage für viele Fehler verantwortlich: mangelnde Motivation. Man könnte bessere Ergebnisse liefern, aber eine nicht näher zu beschreibende Wurschtigkeit läßt das nicht zu.

Die Mitarbeitermotivation ist eines der schwammigsten Themen der Führungsschulung. Daran krankt die Wirtschaft so sehr, daß es schon lange heißt: uns geht es eben zu gut. Mancher trauert um die Diskriminierung eines alten, sehr probaten Mittels: den Tritt in den Hintern. Nun, die Zeiten sind vorbei.

- **Ein häufiger Chef-Fehler: Alles muß ausdiskutiert werden**

Jede Führungsentscheidung fußt auf dem Wohlverhalten der Mitarbeiter, die sie ausführen sollen. Wie anders als mit ständigem Konsens könnte denn überhaupt gearbeitet werden, nachdem der Knüppel abgeschafft worden ist?

Der Konsens wird hergestellt durch Erklärung, Aufklärung, demokratische Gesprächsführung: jeder ist beteiligt. Das geht so lange ganz nett und zufriedenstellend — geht ja alles von der Dienstzeit ab —, bis es brennt, und keine Zeit mehr ist für Diskussionen. Dann zeigt es sich, ob das Team auch anders kann. Hat Chef/in wirklich das Vertrauen der Mitarbeiter in den vergangenen ruhigen Zeiten aufbauen können? Ziehen sie jetzt mit?

Es wäre klug, schon in den fetten Zeiten ausreichend Stärke und Mut zur Anordnung zu zeigen. Heute, als Demokraten, hätten wir es gern etwas anders, aber es geht! Ich behaupte: wer befiehlt, muß auch lieben. Auch umgekehrt: wer seine Mannschaft und sein Unternehmen liebt, der darf auch befehlen, wenn es not tut.

Wo gegenseitiges Vertrauen herrscht, ist auch Konsens. Mitarbeiter müssen als Menschen mit Persönlichkeitsrechten geachtet und behandelt werden, dann vertrauen sie dieser grundsätzlichen Einstellung ihrer Chefin, ihres Chefs. Sie werden dann gut unterscheiden können, ob ein Notfall eingetreten ist, der Befehlsform und schnelles Ausführen erfordert, oder ob sich jemand wichtig machen will — auf ihre Kosten.

Unwichtigere Situationen, die solches Vorgehen erfordern, gibt es auch im normalen Ablauf. Man sollte sie suchen! Hier kann getestet werden, ob das Team einsatzwillig ist. Es genügt ein überraschender Streßanfall in der Abteilung. Jetzt gibt es nur eine knappe Erklärung der Lage, Appell an die Fähigkeiten der Leute und das Vertrauen auszusprechen. Das genügt, jetzt folgt die »Befehlsausgabe«. Es darf nicht vergessen werden, daß der Vorgesetzte selbst sich nicht von dem Verfahren ausschließt, sondern gerade jetzt als erster Diener seiner Abteilung oder des Geschäfts sichtbar etwas tut, ohne Rücksicht auf seinen Status! Und wenn er der letzte ist, dessen Hände noch frei sind zum Schleppen einer Bierkiste für seine schaffenden Handwerker — dann schleppt er eben. Das werden sie ihm nie vergessen.

Es muß jedem klar sein, daß jeder unter dem Befehl einer notwendigen Sache steht, nicht unter der Willkür eines Menschen. Der Vorgesetzte stellt sich ja unter denselben Befehl und schont sich noch weniger als seine Mannschaft. Diese Erlebnisse binden, sie schaffen auch die Menschlichkeit, von der Arbeitnehmer träumen. Aber — es müssen Ausnahmefälle sein.

Schauen wir uns nun den Alltag des Chefs/der Chefin an und suchen nach praktischen Gelegenheiten, bei denen Image und Führungsstärke aufgebaut werden können.

Signale, die Vertrauen bringen

- Wenn ein Mitarbeiter redet, schauen Sie ihn aufmerksam an, bestätigen Sie ihn durch Nicken und zustimmende Laute. Schützen Sie nicht Arbeitsbelastung vor. Wiederholen Sie kurz den Kern der Aussage, damit klar ist, ob Sie richtig verstanden haben.
- Wenn Sie wirklich wenig Zeit haben, geben Sie keine Körpersignale von Hast ab, lassen Sie sich nicht ablenken, das würde dieses Gespräch nur in die Länge ziehen oder Mißverständnisse provozieren. Die aufmerksamen Signale bleiben genau wie oben. Ihr Zeitdruck muß »verbalisiert« werden, das heißt, er bedarf der Erklärung durch Worte.
- Zeigen Sie Offenheit: Die Hände und Arme sind frei gehalten, nicht in den Taschen vergraben. Der gute Chef legt sein Schreibzeug hin, wenn er im Gespräch ist und geht dabei nicht noch die Unterschriftenmappe schnell durch.
- Grundsätzlich gilt: Abstand halten! Nur dann ist es möglich, die hohe Kunst der Nähe einzusetzen. Bei besonderen Gelegenheiten gehen Sie in die intime Zone Ihres Mitarbeiters, dann, wenn Sie bewußt das »reine Gefühl« anbringen wollen. Es sollte ein positives Gefühl sein. Ich halte überhaupt nichts von den Tricks der Grenzverletzung, wenn sie in aggressiver Absicht geschehen. Damit wäre nichts weiter zu erreichen als eine Einschüchterung oder eine Aufstachelung der Angriffslust beim anderen. Wozu soll das gut sein? (Wir reden hier von Unterstellten.)

Positive Gefühle vermitteln Sie durch näheres Herantreten, wenn es Seite an Seite geschieht, beim gemeinsamen Betrachten oder Bearbeiten eines Objekts. Die Gemeinsamkeit des Augenblickes wird damit spürbar. Dieses betrachtete Objekt darf kein Mensch sein! Dieser würde sich dabei sehr unwohl fühlen.

- Geben Sie Schutz. In kriselnder Situation, wenn sich zum Beispiel ein Dritter über Ihren Mitarbeiter beklagt oder ein Kunde sich über ihn beschwert, so treten Sie seitlich vor den Mitarbeiter und betonen damit das Gefühl: Ich stelle mich schützend vor Sie, keine Sorge!

Das Konfliktgespräch selbst läuft nach den bekannten Regeln, daran ändert sich nichts, aber die emotionale Beziehung zu diesem Mitarbeiter kann sehr gestärkt werden.

- *Distanzieren Sie sich nicht!* Angenommen, Sie erfahren etwas höchst Unangenehmes vom Mitarbeiter. Geben Sie dem spontanen Impuls zum Abstandnehmen nicht nach. Der Körper zuckt leicht zurück, oder man möchte sich anlehnen und die Arme verschränken, alles verständliche Schutzmaßnahmen vor allerlei Unangenehmem. Der andere sieht die Reaktion, fühlt sich ausgegrenzt (»Damit will Chef/in also nichts zu tun haben, er/sie zieht sich von mir zurück.«) Das ist enttäuschend. Das nächstemal wird derjenige vielleicht den Mund halten, um nicht wieder das negative Gefühl zu erfahren, und Sie erhalten eine, wenn auch schlechte, aber sicher sehr wichtige Information nicht, zu spät oder nicht aus erster Hand.

- *Berühren Sie!* Äußerst selten, aber dadurch sehr wirkungsvoll sollen Körperkontakte zwischen Chef/in und Mitarbeiter sein. Regel: Je deutlicher die Berührung, desto kürzer und mit sachlichem Rahmen. Kurz heißt: eine Sekunde und weniger.

  Da dies eine emotionale »Entgleisung« ist in dem Sinne, daß es nicht normal ist in diesem Team, sollte es von Chef/

Das stärkt die emotionale Beziehung zum Mitarbeiter: Schutz geben!

»Herr Huber, Sie haben selbstverständlich völlig recht, die allerbeste Beratung für Ihre hohe Investition zu verlangen. Ich versichere Ihnen, daß Sie unserem neuen Mitarbeiter volles Vertrauen entgegenbringen können!« …

(Verbindende Gestik zwischen Mitarbeiter und Kunden)

… »Unser Herr Gersbacher ist ein sehr erfahrener Praktiker, mit dem Sie gerade Ihre Vorstellungen ausführlich besprechen können. Machen Sie sich doch erst einmal in Ruhe bekannt.»

Nach der ersten Ablehnung durch den Kunden Huber kann durch das klare »Zur-Seite-Stehen« der Geschäftsführerin ein neuer Mitarbeiter in seinem Selbstbewußtsein gestärkt und Herr Huber mit seinen Bedenken dennoch ernstgenommen werden.

in auch wie eine Entgleisung dargestellt werden: ehrlich, spontan, zwingend. Wenn nicht der Hauch einer Absicht dabei zu entdecken ist, kommt es optimal an, stärker als ein verbales Lob.

Das bedeutet, daß Chef/in selbst der Spontanität noch mächtig sein sollte. Klingt es seltsam? Die spontanen Impulse sind sicher oft zu spüren, aber im Geschäft werden sie entweder im Keim abgeblockt oder, bei dem anderen Menschentyp, unkontrolliert — inflationär — verteilt.

Die Kunst besteht darin, den Impuls zu spüren, blitzschnell auf Verwertbarkeit zu prüfen und dann entweder locker und spontan loszulassen oder nicht. Viele Spontanitätsfreunde glauben es nicht, daß der kontrollierte Impuls im-

Nähe und Berührung zwischen Chefin und Mitarbeiter. Sie geht in der Begeisterung nah heran, was seitlich gut möglich ist. Der gemeinsam betrachtete Gegenstand oder das gemeinsame Thema schaffen emotionale Bindung.

mer noch spontan kommen kann. Das tut er aber, er wird ja nicht verändert, verbogen, verwertbar gemacht, sondern nur auf die zu erwartenden Folgen geprüft. Das dauert eine Sekunde, nach einiger Übung.

Wohin kollegiale Berührungen zu erfolgen haben, sollten Sie jetzt nicht fragen. Solche Anweisungen würden nun sicher die Ursprünglichkeit zerstören. Wer das nicht spürt, sollte lieber nichts tun. Aber so viel: Arme und Schultern sind am neutralsten, unbekleidete Haut selbstverständlich tabu. Hände sind recht intim, aber eben sehr menschlich. Alle anderen Körperteile sind nicht geeignet.

Macht es einen Unterschied, ob jemand Chef oder Chefin ist, ob der Mitarbeiter männlich oder weiblich ist? Nein. Es dürfte

Selbstverständlich geht der neue Mitarbeiter nicht in gleicher Weise auf Nähe, er wird aber nicht unberührt sein durch die positiven Impulse.

Seitlich schon ein leichtes Touchieren des anderen Armes. So nah würden sie einander niemals kommen, wenn sie frontal säßen oder stünden.

keinen Unterschied machen, denn das wäre schlecht. Hieße das, daß man gleichgeschlechtlichen Mitarbeitern weniger Zuwendung gibt? Warum? Sind sie schlechter, haben sie es nicht verdient? Haben umgekehrt die anderen es mehr verdient? Solche Bonbons werden ja nicht nach Wohlverhalten gnädig verteilt, sie dienen der vertrauensbildenden Nähe durch spontane Gefühlsäußerungen. Und sie tun beiden gut: Chef/in und Mitarbeiterin.

- Der Händedruck. Wie halten Sie es in Ihrer Abteilung? Schütteln sich alle jeden Morgen, jeden Abend die Hände, oder genügt das allgemeine »Hallo!«? Hat man es einmal eingeführt, muß man beim Händedruck bleiben, sonst empfinden die anderen es als Zurücksetzung. Wenn Händedruck, dann unbedingt positiv einsetzen! Er muß bewußt

Und, während der gestenreichen Erläuterungen, eine leichte Berührung des Armes: eine »spontane emotionale Entgleisung« — wohlüberlegt. Daraus darf nicht und wird auch keine Kumpelei entstehen. Der Gesprächston ist freundlich-neutral, inhaltlich geht es nicht um Persönliches, sondern um die gemeinsame Sache.

ausgeführt werden, angenehm sein und mit einem freundlichen »Augenblick« verbunden werden. Dazu gehört nicht »Hallo«, sondern der vollständige Gruß mit Namen. Dann kann man auch von Stil reden, der bekanntlich ein Unternehmen prägt.

Herrscher- und Autoritätssignale

Man muß sie erkennen, diese Zeichen unter Menschen, die einen Herrschaftsanspruch ausdrücken. Werden wir damit einmal bedacht, so dürfen wir sie keinesfalls übersehen und hinnehmen! Wer sie einsetzt, der will provozieren, er steuert in einen Konflikt. Den muß er haben!

Und selbst einmal solche Zeichen aussenden? Lächerlich! Damit bewegen wir uns zurück in die Steinzeit. Dominanzverhalten durch Körpersignale zu zeigen und auszukämpfen halte ich für eines der dümmsten Relikte unserer Zeit. Haben wir uns dafür jahrhundertelang um Verfeinerung der Sitten und Aufbau einer gesellschaftlichen Kultur bemüht, um im Geschäft alberne Ellbogenspiele auszutragen? Während der Pubertät ist dies und Schlimmeres üblich und entwicklungspsychologisch begründet. Nun sind wir erwachsen, nicht wahr?

Wie sieht uns unser aller Verhaltenslehrerin, die Werbung? Ein Beispiel soll genügen.

Auch die kleinen Bilder, leicht zu übersehen, bringen uns die ganze Welt der nonverbalen Kommunikation ins Haus. Sieben Kommunikations-Szenen beschert uns diese Anzeige. Erst die Vergrößerungen rücken das Wichtige ins Blickfeld: wie bewegen sich die Menschen miteinander, welchen Status haben sie, wie drücken sie ihn aus?

Berührungen zwischen Menschen sind stärkste Signale, hier im Beispiel von Dominanz- also Herrschaftsverhalten.

Eine Hierarchie, das heißt ein Oben und Unten, gibt es dann, wenn die Kommunikation nicht umgekehrt werden kann. Hier in den Beispielen legt jemand die Hand von oben herab auf die Schulter eines anderen Menschen. Wenn das mit derselben Selbstverständlichkeit auch andersherum sein kann, besteht kein Herrschaftsverhältnis.

Dennoch wird in diesem Moment allein durch das Detail »Hand von oben nach unten« eine Dominanz hergestellt. Je nach Position der Beteiligten kann das als gönnerhaft und provozierend angesehen werden.

Um diese Situationen zu beurteilen, werden wir näher herangehen.

Durch die stehende Position des Mannes wird die Überlegenheit verstärkt. Hier legt sich die Hand nicht von oben auf die Schulter. Es ist eine zärtliche, intime Geste unter Vertrauten, ein Streicheln.

Dieselbe Position, wenn beide gehen, kommt öfter vor, zum Beispiel bei einem gemeinsamen Besuch. Er »schiebt« die Begleiterin, oder anders gesehen, er legt den Arm schützend an ihren Körper. Welche von beiden Interpretationen im Einzelfall die richtige ist, hängt von der Beziehung und der Einschätzung des geschobenen oder beschützten Partners ab.

Am Arbeitsplatz der chinesischen Sekretärin, Hotel Victoria. Derselbe Gast jetzt als dominierender Partner in diesem Gespräch am Computer. Er lehnt sich in den körpernahen Bereich der Frau, er stützt sich auf ihre Stuhllehne: eine klare Grenzverletzung der persönlichen Distanzzone, die nicht umgekehrt werden könnte, denn der Gast ist statushöher.

Er bestimmt hier die Distanz, er dominiert.

Mit derselben Geste könnte ein Chef die Beziehung zur Mitarbeiterin emotional aufwerten, vorausgesetzt, beide beugen sich über eine Arbeit, die das Gefühl der Gemeinsamkeit bekräftigt.

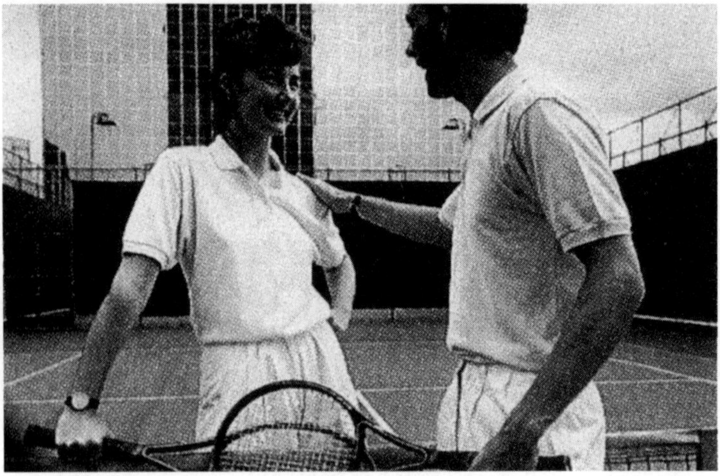

Anerkennung oder gönnerhafte Überheblichkeit? Außenstehende können das nicht mit Sicherheit beurteilen. Der abgewinkelte Ellbogen der Frau kann echte Bewegungsfreiheit, also Selbstsicherheit signalisieren, oder auch Abwehr gegen die Berührung sein. Die straffe, etwas zurückgelehnte Haltung kann innere Kraft, Stolz über ein gewonnenes Match sein oder auch Zurückweichen vor dem Partner. Sie lächelt ihn an — aber das hat gar nichts zu sagen.

Zur Situation des Mannes:

Er möchte wahrscheinlich eine Anerkennung anbringen über das gute Spiel. Dagegen ist nichts zu sagen. Versetzen wir uns ins Geschäft, gibt es diese Ausgangssituation oft. Die große Frage ist: Soll er die Anerkennung bis zur körperlichen Berührung steigern? Wenn die/der zu Lobende in so steifer oder stolzer Haltung vor mir steht, würde ich es nicht tun. Es wird keine Empfangsbereitschaft für große Nähe signalisiert.

Es wäre besser, entweder die Geste nur im Ansatz, nicht bis zum »Touchieren« und dann — vor allem! — nicht von oben auf die Schulter, sondern seitlich an den Arm durchzuführen oder

aus einer gemeinsamen Bewegung heraus kurz die Schulter auf diese Weise zu berühren. Es kommt dann sehr spontan, nicht als überlegt bewußte Geste an, was das versteckt Autoritäre stark mildert.

Drei Interpretationsmöglichkeiten:

1. Anfrage beim Chef
2. Prüferin und Kandidat im Test
3. Chefin kommt zum Mitarbeiter

Wer steht, tritt entweder wie ein Bittsteller vor den sitzenden Fürsten, oder er dominiert als der Größere, wie der Lehrer vor der Schulklasse. Auch hier sagt dieses einzelne Signal noch nichts.

Stellen Sie sich diese Szene lebhaft vor, einmal die Frau als untergeordnet, einmal als Prüferin im Eignungstest, eine Frage des Kandidaten beantwortend. Schon ändert sich die ganze Aussage des Bildes.

Wer als Chef/in vor Mitarbeitern steht, wird den dominierenden Status gern durch kleine Signale erkennen lassen: Anfassen des Schreibtisches, sich darauf lehnen, sehr überlegene Haltung (Hand in der Tasche, Hand in die Hüfte gestützt, sich an ein Möbel lehnen, Arme untergekreuzt), alles Stellungen, die Furchtlosigkeit zeigen und eine gewisse Normverletzung.

Jede Normverletzung setzt die Gesprächspartner herab. Kleine und kleinste Verletzungen erlauben sich Vorgesetzte, um den Status zu demonstrieren. Umkehrbar ist dieses Verhalten nicht. Auf dem Bild Seite 51 ist es umkehrbar, es ist keinerlei Normverletzung im Spiel.

Als Untergeordneter könnte der junge Mitarbeiter der Chefin den Status bestätigen, indem er aufsteht! Das hätte eine pikante Folge, denn er ist einen Kopf größer. »Ach, bitte, behalten Sie Platz!«

Gibt es bei diesen beiden Herren Hierarchie oder Dominanz?

Ich glaube, hier fällt Ihnen ein Urteil sehr schwer. Vielleicht haben Sie das Gefühl, der Herr rechts hätte den höheren Status, aber woran sollte das zu erkennen sein?

Es gibt als Hinweis die etwas gespannte, steifere Haltung des Herrn links. Die Schultern scheinen nicht ganz locker, der Arm mit dem Mantel ist etwas angestrengt abgewinkelt, die andere Hand in beflissener, passiver Redehaltung, er wirkt im Ganzen etwas zurückgenommen. Er blickt den anderen an, während dieser offensichtlich etwas sagt und den Zuhörer nicht anschaut.

Das alles sind kleinste Indizien, daß der Herr rechts doch die höhere Position haben könnte.

Dominanzverhalten ist nicht zu erkennen. Aber die Umkehrung unserer Analyse: Links steht der Chef, dem sein Mitarbeiter etwas berichtet, verändert das Bild ein wenig zum weni-

ger Glaubhaften. Mindestens schrumpft der hierarchische Abstand zwischen den beiden dann auf fast Null. (Was ja auch nicht so selten ist, daß ein gut auftretender Mitarbeiter für den Chef gehalten wird.)

In der Interaktion zwischen Ihnen und Ihren Mitarbeitern wird der Status und die Beziehung untereinander stärker durch körpersprachliche Signale festgelegt als durch Worte. Sie haben sich die wirkungsstärksten Signale bewußt gemacht und werden sie überall im Alltag wiedererkennen:

- Das Distanzverhalten: Abstand, Nähe und Berührung
- und die Bedeutung von Normverletzungen als Machtinstrument.

Völlig gleiches Niveau — umkehrbar. Interessant, daß es in den zahlreichen analysierten Werbeaufnahmen keine Szene gab, wo zwei Frauen auf gleichem Niveau agieren, dasselbe nicht mit einem Mann und einer Frau. Nur in der Gruppenaufnahme fand ich »gleichberechtigt« auftretende Frauen — als Einzelne natürlich.

Überflüssig, zu erwähnen, daß nicht eine Szene darunter war, wo eine Frau dominant gegen einen Mann auftrat.

Treten Sie aus Ihrer Abteilung heraus, beginnt die Öffentlichkeit. Der vertraute Rahmen existiert nicht mehr. Hier beginnt der Auftritt vor den Massenmedien — hoffentlich!, denn PR belebt das Geschäft; hier werden Reden gehalten, es muß präsentiert und repräsentiert werden, und spätestens hier kreuzen andere Top-Leute Ihren Weg: die Rivalen auf dem Weg nach oben.

Die privaten Fernsehanbieter lassen die Wahrscheinlichkeit steigen, daß auch (noch) nicht Prominente zu einem Interview ins Studio geladen werden oder mindestens am Telefon zu einem Thema befragt werden. Zeitungen und Zeitschriften sind dagegen klassische und am leichtesten erreichbare Medien für die Öffentlichkeitsarbeit.

Natürlich passiert gar nichts, wenn man sich nicht selbst rührt. In einem möglichst positiven Zusammenhang sollte das Unternehmen oder sein Vertreter in Erscheinung treten und kundtun, daß dieses von öffentlichem Interesse ist. Grundsätzlich ist es immer gut, selbst zu veröffentlichen, das heißt, Fachartikel oder Bücher zu schreiben. Aufsehen läßt sich in Gremien und Verbänden erregen durch Aktionen, die bemerkt werden. Frühzeitig wird Kontakt mit den zuständigen Leuten bei der Zeitung oder beim Fernsehen aufgenommen, und es müssen Presseunterlagen vorbereitet sein.

Körpersprachlich sind einige Regeln zu beachten. Für die Zeitung nur eine: Halten Sie freundliche Portraitfotos, Gruppenaufnahmen, Arbeitsbilder, was immer Ihre Ziele stützt, bereit. Zwar machen Journalisten Bilder vor Ort, aber da gibt es eine Menge Unwägbarkeiten. Bedenken Sie bei den Vorbereitungen für ausreichendes Pressematerial immer: *Dem Reiz der fertigen Arbeit kann sich kaum jemand entziehen!* Seien Sie großzügig! Laufen Sie nachher den Unterlagen nicht hinterher, sie sind in der Regel verschwunden. Erwarten Sie keine Abzüge vom Journalisten — auch wenn sie versprochen waren.

Achtung – Kamera! Was in den Medien wirkt

Je nach der Reizwirkung Ihrer Funktion sollten Sie bei Interviews oder Gesprächsrunden mit freundlichen, überarbeiteten, desinteressierten oder aggressiven Interviewern rechnen.

Gehen Sie nie unvorbereitet in ein Fernsehstudio! Wer in heimischen Verhandlungen ein As ist, darf sich für diese völlig andere Situation nicht ebenso sicher fühlen.

- Der, den Sie überzeugen sollten, sitzt nicht Ihnen gegenüber, sondern unsichtbar in zahllosen Wohnungen der Republik. Sie wissen nicht, zu wem Sie wirklich reden. Ihre angesprochene Zielgruppe müssen Sie selbst definieren. Wen wollen Sie auf Ihre Seite bringen — wen wollen Sie auf keinen Fall verärgern?

  Sprechen Sie für diese Zielgruppe, machen Sie sich frei von der Person des Interviewers! Dieser ist vorbereitet, er hat seinen Fragenkatalog und eine Uhr im Auge. An Ihrer Person ist er mit größter Wahrscheinlichkeit nicht interessiert. Ob Sie sich blamieren oder sich profilieren, ist ihm egal. Darüber sollten Sie froh sein. In vielen Fällen besteht so ein Interview ja auch aus dem Ziel, einem Kandidaten die Hölle heiß zu machen, wenn es beispielsweise um die Aufklärung irgendwelcher Skandale geht.

- Nehmen Sie die optimale Sitzposition ein und verändern Sie sie möglichst nicht während der Aufnahme. (Optimal: Füße auf den Boden, leichte Schrittstellung, Oberkörper und Kopf gerade, Hände locker. Vgl.: »Trainingsprogramm für Macher«.)

- Am sichersten ist die offene Handhaltung, also sich nicht selbst bei den Händen fassen, nicht die Lehne umklammern, auch keinen Stift.

- Sie sollten versuchen, mit den Händen während des Redens überhaupt nichts zu machen. Das gilt um so mehr, je gefährdeter Ihre Position bei diesem Auftritt ist oder je stärker Sie auf öffentliche Profilierung hinarbeiten.

- Wenn Sie allerdings sicher sind, daß Sie mit der ganzen Persönlichkeit in Ihrer Position stehen, authentisch sind, wie es heute heißt, und nicht mit besonders kritischer Aufnahme Ihrer Äußerungen rechnen müssen, weil es um sachliche

Themen und Fachfragen geht, dann seien Sie auch Sie selbst!

- Auch dann, und in allen anderen Fällen beachten Sie immer die Besonderheiten des Bildschirms. Meistens sind die Redenden in Großaufnahme zu sehen. Lebhafte Gestik wischt platt über die Scheibe, oft vor das Gesicht. Die Zuschauer haben keinen direkten Kontakt, sie können sich mit niemandem im Studio identifizieren, sie sind nicht beteiligt. Darum ist gar keine Gestik das Beste. Wenn Ihr Temperament das nicht aushält, bleiben Sie in den Bewegungen dicht am Körper und eher unten. Hier gelten die Regeln der Rhetorik nicht.

- Gehen Sie nicht zu sehr auf den Interviewer ein, grenzen Sie sich ab. Sehr leicht können Sie manipuliert werden, weil Sie mehr Streß und weniger Selbstkontrolle haben als ein ausgebuffter Fernsehjournalist oder Moderator. Er könnte versuchen, Sie mit körpersprachlichen Tricks zu verunsichern, Ihnen das Mikrofon nicht gut hinzuhalten, so daß Sie sich verbiegen, anstatt es kurzerhand zurechtzurücken oder lauter zu sprechen. Er blättert in seinen Notizen, während Sie reden, und Sie bringt das aus dem Konzept. Er schaut oft nach der Studiouhr, wenn er nicht im Bild ist, er kann das Spiel mit den Distanzzonen versuchen, wenn auch nur, um sich selbst einen Spaß zu machen. Sie fühlen sich vielleicht bedrängt und zeigen Rückzugssignale.

  All das darf nicht geschehen. Darum schotten Sie sich ab. Sie reden zum Fernsehpublikum oder einer bestimmten Gruppe. Die Fragen können Sie beantworten, ganz oder teilweise oder gar nicht. Sie können versuchen, die Fragen nach Ihren Vorstellungen umzubauen.

- Das helle Licht im Studio könnte Sie dazu bringen, den Kopf etwas gesenkt zu halten und die Augen nicht ganz zu öffnen. Das ist nur eine Irritation, es blendet nicht wirklich, es ist nur sehr hell. Halten Sie den Kopf gerade und eher hoch und die Augen offen, damit Sie wach und freundlich aussehen.

- Trinken Sie kein kohlesäurehaltiges Wasser. Das kleine Mikrofon am Revers ist sehr empfindlich. Klopfen Sie sich aus demselben Grund nicht an die Brust. Wenn Sie Kette und Anhänger tragen, spielen Sie mit diesen nicht herum. Aber Sie sollen die Hände ja sowieso still halten.
- Keine Aggressionen — möglichst nicht! Aber keinesfalls überfreundliches Verhalten, es wird als Schwäche ausgelegt. Die Stimme sollte eher etwas leiser sein (wenn Sie ein Mann sind und im Einzelinterview) und eher ein wenig höher und schärfer. Frauen sollen unbedingt Ihre Stimme vorher getestet haben! Wenn Sie im Streß in höhere Stimmlagen ausweichen, halten das die Fernsehzuschauer nicht lange aus.
- Bestätigen Sie den Interviewer nicht durch Nicken und zustimmende Laute. Lassen Sie ihn einfach ausreden und drängen Sie mit der Antwort nicht in die letzten Worte seiner Frage hinein. Die meisten schieben noch Teilfragen nach (sie haben das Interviewen nicht gelernt) und geben Ihnen damit Gelegenheit, auf die Ihnen passende Teilfrage zu antworten.
- Wiederholen Sie in Ihrer Antwort nicht dieselben Worte, mit denen der Interviewer geendet hat.
- Ziehen Sie etwas Blaues an. Keine kleinen Karos, Punkte, Streifen.
- Suchen Sie keinen Blickkontakt mit einem Kamera-Auge.
- Bei den geringsten Selbstzweifeln: Lassen Sie sich vorher schulen.
- Wenn Ihre Laufbahn mit dem Auftreten in der Öffentlichkeit verbunden ist oder sein wird, sollten Sie sich die Zeit nehmen und ähnliche Sendungen des Fernsehens studieren. Hören Sie sich die Kommentare von kritischen Familienmitgliedern an: Was kommt an, was stößt ab?

Weiter darf sich die Gestik nicht vom Körper entfernen.

Das würde am Bildschirm ungefähr so aussehen.

Die Hände gehören vor der Kamera und auch sonst nicht ins Gesicht. Die Arme mauern, diese Haltung sieht blockiert aus.

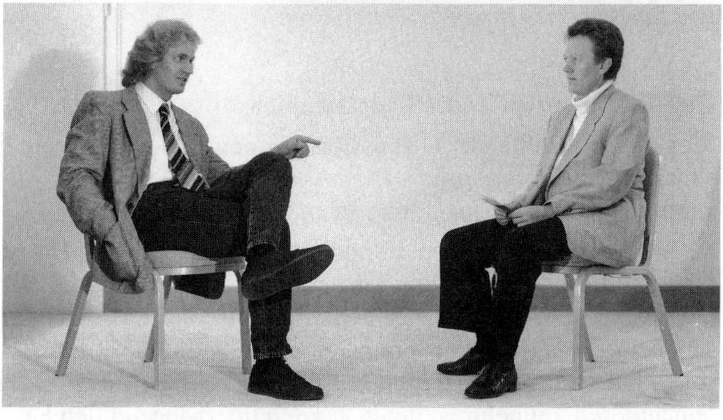

So sieht es auf dem Bildschirm aus: Verbeulte Tasche, Schuhsohle fast in Großaufnahme, aggressive Gestik in Richtung der Interviewerin — kurz: ein Unsympath.

Was hier über den Bildschirm kommt, wirkt nicht überzeugend: viel zu lasch! Keine Oberkörperspannung, Füße nicht auf dem Boden, Hände ohne Tatkraft.

Die Interviewerin bringt es nicht besser.

Eine Besonderheit ist das Rundgespräch.

Was die Fernsehleute Diskussion nennen, ist niemals eine, sondern ein Rundgespräch. Diskussionen haben mit einer Abstimmung, einer Entscheidung zu enden.

Sie sind zu einer solchen Expertenrunde eingeladen? Da ist mehr zu beachten als beim Einzelinterview. Bringen Sie nur kurze und sehr aussagestarke Beiträge. Reden Sie nicht für sich selbst, um der Welt Ihre Meinung kundzutun, es interessiert kaum jemanden. Reden Sie wieder für Ihre Zielgruppe. Die anderen Teilnehmer/innen werden überwiegend den Fehler machen, sich und ihre persönlichen Ansichten in Szene zu setzen. Bleiben Sie hart am Thema, vermeiden Sie Ich- und Sie-Formulierungen, sprechen Sie über die anstehende Frage.

Das gilt für die normalen Runden über ein gesellschaftspolitisches Thema, zu denen Fachleute geladen sind. In politischen Runden mit gegnerischen Parteien muß man anders auftreten. Hier wird es immer persönlich, und Sie müssen mithalten. Der dazu nötige Geist wird in den verschiedenen Parteien und Organisationen trainiert.

Wenn Sie in Ihren eigenen Räumen interviewt werden, gibt es einiges zu beachten.

Sie werden die Wahl haben, an Ihrem Schreibtisch sitzend zu sprechen oder in einem der Geschäftsräume stehend befragt zu werden oder vielleicht im Freien vor dem Haus.

Was günstiger ist, hängt vom Thema und der Zielsetzung ab. Geht es um das Ansehen Ihrer Firma oder werden Sie lediglich als Fachmann zum Thema der Reportage befragt? Egal, was visuell als Hintergrund geliefert wird, es soll möglichst doch positiv mit der Firma in Verbindung gebracht werden.

Sehr edel, sehr repräsentativ, etwas abgehoben. Soll dieser Eindruck das Image heben, oder würde mehr lebendiges Firmenleben dem Ziel des Interviews (aus Ihrer Sicht) eher dienen?

Bedenken Sie, daß die Haltung hinter dem Schreibtisch nicht besonders kommunikativ wirkt, auch wenn er aufgeräumt ist. Oft ist die Tischplatte recht hoch, was zum Arbeiten praktisch ist, optisch aber den Oberkörper verkürzt.

Was in Reden und Diskussionen überzeugt

- Wer Imagepflege betreibt, sollte sich an einen Platz setzen, an dem er gesehen wird. Das gilt besonders für Veranstaltungen, bei denen Sie nicht den Platz angewiesen bekommen. Es gibt immer Teilnehmer, die wie in der Kirche hinten bleiben und weit weg von der Kanzel. Das Gegenteil schafft Ansehen. Also dicht heran an die Chefs, an den Diskussionsleiter, an die Presse, an die Kamera.
- Als Teilnehmer halten Sie sich nicht zurück, schauen nicht nur mit kritisch-mißtrauischem Blick auf die Vortragenden oder Vorsitzenden. Schauen Sie aufmunternd und zustimmend. Vielleicht lassen sich so schon Beziehungen anbahnen für später. Denken Sie daran, wenn Sie vortragen, wie gut Ihnen ein lebendiges, mitfühlendes Menschengesicht tut!
- Als Redner/in stellen Sie sofort einen Dialog her, auch in Ihrer Einstellung zum Publikum. Die Vorstellung: »Ich erzähle denen jetzt was«, läßt in Ihrer Stimme und Ihrem Blickkontakt keine Wärme entstehen. Zuhörer wünschen beteiligt zu sein, wollen direkt bei ihren Interessen angesprochen werden. Reden Sie in diesem Falle nicht über die Sache, sondern zu den Menschen (was an der inhaltlichen Aussage natürlich nichts ändert, nur in der Wortwahl).
- Lassen Sie Barrieren weg, treten Sie neben das Pult, vor den Tisch. Reden Sie frei nach einem Stichwortzettel.
- Als Diskussionsleiter am Tisch sitzend bedenken Sie, daß die meisten Tische unten offen sind. Sie wissen nicht genau, was Ihre Beine machen, aber die anderen sehen es.

- Als Diskussionsleiter oder Chef dürfen Sie nie die Veranstaltung sich selbst überlassen und Ihre verständliche Müdigkeit zeigen. Die Körperspannung ist bei Ihnen größer als bei den Teilnehmern, Sie sind wacher und konzentrierter. Die Aufmerksamkeit der Zuhörer liegt zwar beim jeweiligen Diskussionsbeitrag, »ein Auge« aber ist immer bei Ihnen und Ihren Reaktionen.
- Diskussionsbeiträge sollen vom Diskussionsleiter nicht kommentiert werden! Er wird aber die Veranstaltung deutlich im Griff haben, indem er das Wort erteilt, sich bedankt, den Beitrag abkürzt, Vielredner unterbricht, kurze Zusammenfassungen gibt, bei Unklarheiten nachfragt, die Diskus-

Diese Haltung ist nur in einer Situation erlaubt: Wenn Sie einen Redner verunsichern wollen.

sion beendet. Für dieses starke Eingreifen braucht er Autorität.

- Wenn Sie als Teilnehmer Ihren Beitrag geben wollen, lehnen Sie sich beim Sprechen vor. Glauben Sie nicht, die demonstrierte Kühle des zurückgelehnten Körpers, der verschränkten Arme, möglichst verbunden mit einem laschen Stimmklang sei besonders beeindruckend.
- Auch als Teilnehmer können Sie einen Diskussionsleiter schwächen durch zahlreiche Anträge zur Geschäftsordnung (beide Hände hoch, der Antrag muß sofort gehört werden), durch häufige Widerreden, Kritik an der Diskussionsleitung, Sofortbeiträge auf das eben Gesprochene und eine laute, beherrschende Stimme.

Und so signalisieren Sie Autorität am Verhandlungs- oder Diskussionstisch:

Gerade sitzen, auf der Stuhlkante, Füße stabil auf dem Boden, Kopf gerade, Hände auf dem Tisch. Das zusammen verhilft zunächst der Stimme zu Volumen, die Atmung ist tief genug, wenn der Bauch nicht eingeklemmt wird, und die Körperspannung hält Sie wach. Bei Ungeduld oder aufkommender Müdigkeit ist es erlaubt, Fußgymnastik zu machen. Die ruhigen Beine sind nur für den Moment einer öffentlichen Rede (im Stehen oder Sitzen) unabdingbar.

Die Unterarme liegen auf dem Tisch, die Ellbogen gut von den Rippen weg, also keine enge Armhaltung. Schreibzeug liegt griffbereit, es soll öfter etwas notiert werden. Windhunde vor dem Start platzen auch vor Energie, also dürfen Sie ebenfalls Bewegung zeigen.

Beim Melden heben Sie nicht nur bescheiden die Hand, strekken Sie sie deutlich dem Diskussionsleiter entgegen und nehmen Sie zu ihm Blickkontakt auf. Nach Ende des Vorredners können Sie sich mit strengem Blick nochmal melden, auch wenn andere früher dran wären, denn mancher Leiter läßt sich dadurch beeinflussen, und die anderen Teilnehmer passen nicht immer auf.

Zu wem sprechen Sie? Wollen Sie die Runde wegen der Abstimmung überzeugen, oder ist es Ihnen wichtiger, einen der Anwesenden oder eine kleine Gruppe zu überzeugen? Sind Sie nur wegen der Imagepflege dabei? Dann geht es um die Form Ihrer Selbstdarstellung, die Reife oder Dynamik Ihrer Beiträge, oder darum, Ihre aggressive Führernatur oder andere Fähigkeiten hier herauszustellen.

Stellen Sie den Antrag, die Redeliste zu begrenzen, die Diskussion zu beenden, eine Pause zu machen …, alles Aktionen, die Sie ins Blickfeld rücken und den Leiter schwächen.

Wenn Sie es sich erlauben können, verlassen Sie die Versammlung vorzeitig. Dieser Schritt dürfte nicht spontan erfolgen, er sollte vor der Veranstaltung schon geplant sein. Ihre Stimme ist unerheblich? Sie wollen Aufsehen erregen? Für Aggressionen sorgen, ein Thema auf die Spitze treiben, einen Konkurrenten schwächen? Nur zu! Besonders wirkungsvoll ist natürlich das Verlassen der Versammlung mit einer ganzen Gruppe.

Im eigenen Unternehmen, also vor Kollegen, ist dieses Verhalten allerdings weniger empfehlenswert, bei anderen Gelegenheiten sollte es die Ausnahme sein.

Um eine Runde wegen der folgenden Abstimmung zu überzeugen, setzen Sie ähnliche Mittel wie bei der Rede ein: Selbstsicherheit und Energie. Als Signale wirken wieder die Stimme (Frauen: doppelt so laut und Stimme runter!), der feste Blickkontakt in die Augen jedes Zuhörers und die aufrechte, eher vorgerückte Haltung. Überzeugende Beiträge sind kurz, knapp, klar. Sie enthalten sich jeder Polemik, versagen sich persönliche Anzüglichkeiten (wenn, dann als sehr kurzer Nebensatz) und fischen nicht nach vergangenen Fehlern. Sie bringen Lösungen, weisen den Weg nach vorn mit konkreten Vorschlägen.

In Verhandlungen, wo Sie bei den Partnern etwas erreichen wollen oder auf Konsens angewiesen sind, gehen Sie mit dem

Energiepegel etwas herunter, um nicht dominant zu wirken. Stärke ist nicht Dominanz! Bestätigen Sie häufig, seien Sie konziliant, aber nicht weich.

Was Rivalen in Schach hält

Rivalität zeigt sich körpersprachlich in Dominanzsignalen. Der Grund dafür ist einmal die Einschüchterung des Rivalen, um ihn zur Flucht zu veranlassen, zweitens dem Rest der Welt klarzumachen, wer der Stärkere ist.

Dominanzgebaren unter Rivalen ist alles, was den anderen einschränkt, ihm Raum oder Bewegungsfreiheit nimmt oder ihm das Gefühl der Unterlegenheit suggerieren soll (vgl. »Herrscher- und Autoritätssignale«).

Dieses Ansinnen darf niemals von anderen hingenommen werden! Auf den Einschüchterungsversuch muß sofort reagiert werden. Der Mensch hat zwei Verhaltensweisen im Programm: Rückzug (Flucht, Unterwerfung) oder Kampf. Es bleibt also nur eine.

Welches Ziel verfolgen Sie bei dem Konkurrenten? Wollen Sie lediglich das Gleichgewicht halten, sich also nicht zurückdrängen lassen, oder haben Sie selbst einen Verdrängungswunsch?

Wenn der andere in der Hierarchie (noch) über Ihnen steht, ist es vorläufig klüger, einen Ausgleich anzustreben. Die Spielchen der persönlichen Rivalität können ja tatsächliche Karrierebremsen für die Zukunft werden. Hier soll es aber nur um die direkte Konfrontation gehen.

Die Reaktion auf Dominanzgebaren können wir abstufen:

1. *Ignorieren*

Das bedeutet nicht: sich unterwerfen. Harmlose Versuche des anderen, sich z. B. beim Reden in meinem Raum breitzumachen, kann ich mit Gelassenheit quittieren. Es kommt auf den eigenen Stand an. In diesem Fall hätte ich »Heimvorteil«, und er versucht, das zu überspielen. Die Grenze ist da erreicht, wo er körperliche Nähe ausspielt, z.B. meinen Schreibtisch besetzt, mir zu dicht über die Schulter schaut oder mein Revier verletzt, also meine Sachen anfaßt, sich ungebeten setzt oder sich anders zu schaffen macht. Revierverletzungen können auch verbal sein: Einmischung in meine Angelegenheiten. Hier muß reagiert werden.

2. *Verbal zurechtweisen*

»Finger weg!« mit einem leisen Lächeln und milder Stimme könnte schon genügen. Bei Statushöheren: nachfragen! Was suchen Sie, kann ich Ihnen helfen? Bei Kollegen: Harald, was willst du von mir?

Gute Kenntnis der Fragetechnik ist hier von großem Nutzen!

Vermutungen aussprechen, einem sachlichen Problem auf die Spur kommen wollen oder im neutralen Ton die Grenze ziehen, das ist die nicht-aggressive Möglichkeit, durch Sprechen Klarheit zu schaffen.

Er setzt sich auf Ihren Schreibtisch? »Wenn Sie Platz nehmen möchten, bitte, dort ist ein Stuhl.«

Er schaut Ihnen zu dicht über die Schulter, geht also von hinten an Sie heran? Derselbe Hinweis wie oben. Das geht auch bei Vorgesetzten.

Unterdrücken Sie den Impuls, körpersprachlich zu reagieren! Sie begeben sich damit ebenfalls auf eine Gefühlsebene, denn Körpersprache ist Gefühl! Die Gefahr steigt, sich in emotionale Verwirrungen zu verrennen. Besser wäre es, das Verhalten sachlich anzusprechen, als vor einem sich aufdrängenden Kollegen zurückzuweichen: »Ich sehe, Sie suchen meine Nähe. Wäre es für Sie auch auszuhalten, einen Schritt zurückzutreten?« Oder einfach: »Würden Sie bitte etwas zurück- (oder beiseite-)treten?«

Eine kleine Grenzverletzung des rechten, jüngeren Mannes: Er stützt sich beidhändig auf den Arbeitsplatz des anderen.

Selbst wenn die beiden sehr kollegial verkehrten, käme es doch einer Bedrohung nahe. Abwehr beim Älteren: Arm als Barriere, Stift und Finger als Waffe, Meiden von Blickkontakt. Er verteidigt nur.

3. *Den Kampf aufnehmen*

Mit nonverbalen Signalen kontern, das heißt, »aufs Ganze gehen«. Wer sich darauf einläßt, muß wissen, was er tut.

Bei kleinen Übertretungen ist es noch spaßig: Jemand faßt etwas von den eigenen Sachen an, und man nimmt dessen Finger und legt sie ihm an den Körper zurück. Wortlos.

Einer rückt beim Sprechen zu dicht heran, und man stupft ihm den Zeigefinger in den Bauch mit der Erklärung: »Das war zu dicht.«

Jemand lehnt sich von hinten über meine Schulter. Leider gerade in dem Augenblick, als ich mit dem Rollenstuhl nach hinten stoße. »Verzeihung! Ich habe nicht gemerkt, daß Sie so nahe stehen.«

Weniger brutal: Ich kann mich zurücklehnen, also ihm entgegen, so daß ich schon an seiner Brust ruhe. Nerven behalten! In aller Regel wird er zurückweichen, gleich, welchen Geschlechts wir sind.

Eine andere Möglichkeit bei zu dichtem Heranrücken im Gespräch: Nicht abwehren sondern dem noch eins draufsetzen — das heißt: ihn angreifen! Das ist wörtlich gemeint: berühren wir ihn deutlich am Arm, an der Schulter, drücken ihm die Hand oder schieben ihn, eine Hand unter seinen Arm gelegt, irgendwohin. Oder legen ihm den Arm um die Schulter. Ob er das aushält?

Wenn Sie sich innerlich auf solche Manegenauftritte vorbereiten, werden Sie im entsprechenden Fall nicht nachdenken müssen. Rechnen Sie mit solchem Verhalten grundsätzlich! Fürchten Sie sich nicht vor ungewöhnlichen Maßnahmen, sonst sind Sie immer der Reagierende, der Verteidiger der eigenen Stellung.

Besonders wenn Sie recht empfindlich sind und auf Beengungen und Grenzverletzungen instinktiv mit Rückzug reagieren: Lernen Sie diesen Impuls beherrschen. Schlimmstenfalls müssen Sie einige Sekunden großer körperlicher Nähe mit einem Aggressor aushalten und dabei noch den Blickkontakt lässig aufrechterhalten.

Blickkontakt ist überhaupt sehr wichtig: Wer gut reagiert, aber dem Blick des Aggressors dabei ausweicht, gibt keine Energie ab. Es bleibt dann nur ein halbherziger Versuch, der bestenfalls mit einem Patt endet.

Diese starken Sekunden genügen, um nicht klein beizugeben. Danach können Sie mit einem ironischen Lächeln und einem passenden Spruch den Clinch beenden, also auch gehen.

5. Die Chefin

Mannweib, Weibchen, Frau, Dame?

Eine Identität zu finden, ist für die Frauen in führender Position schwer. Im Geschäftsalltag sprechen sie nicht darüber, denn das ist Privatsache. Alles macht sich an dem Problem fest: Wie kann sie gleichzeitig Führungsstärke zeigen und dabei ihre Weiblichkeit nicht verlieren?

Aber was ist Weiblichkeit? Haben jemals Frauen selbst für sich, ohne Zwang und Normen, eine Definition dafür gegeben? Vielleicht im Ur-Matriarchat, nur das hilft uns heute nicht mehr.

Als berufstätige Frau sehen Sie sich vom ersten Schritt aus der heimischen Tür einer männlich dominierten Welt gegenüber — jawohl: gegenüber! Das heißt, daß Sie keinesfalls integriert werden sollen. Das ist die Ausgangslage; jetzt steht jede einzelne Frau vor der Entscheidung, was sie tun soll. Sie hat mehrere Möglichkeiten:

- In der traditionellen weiblichen Rolle verharren, schauen, was ihr zugewiesen wird, keine Konfrontation suchen. Auf diese Weise stehen ihr viele Berufe mit attraktiven Gehältern offen, etwa der einer Chef-Assistentin oder Sekretärin beim Europäischen Parlament, als Leiterin einer Kindertagesstätte, öffentlichen Bibliothek, als Personalleiterin in der Verwaltung und viele mehr.

- Sich selbständig machen mit einer Boutique, einem Crêpes-Stand, einem Büro-Dienst. Auch da wird kein Bruch mit der weiblichen Rolle verlangt. Selbständige Unternehmerinnen gibt es viel im Mittelstand; dort ist die Firma in der Regel vom Mann oder Vater übernommen worden. Diese

Frauen sind so mit der täglichen Arbeit eingedeckt, daß sie um ihre Kleidung ebenso wenig Aufhebens machen wie ein Mann in derselben Situation. Ob sie in Pullover und Hosen oder im Miniröckchen die Firma leiten, wird am Erfolg oder Mißerfolg wenig ändern, der wird allein von der Geschäftspolitik bestimmt.

- Den Weg in die Hierarchie wagen. »Was der kann, kann ich auch und morgen viel besser!« Das Ziel, an die Spitze vorzudringen, macht die Frau zum Konkurrenten. Jetzt wird das Pflaster heiß, um so heißer, je weiter sie kommt. Als Sekretärin wird sie gehätschelt (wenn sie Glück hat), als Rivalin mit Blick auf den nächsten Chefsessel muß sie abgedrängt werden. Da hört jeder Spaß auf.

Aus dieser Sicht ist es vollkommen unerheblich, ob sie sich noch schminkt und die Nägel lackiert, wie oft sie den Friseur besucht und ob die Waden auch sauber rasiert sind. Wenn sie den ganzen Aufwand noch treiben will — wenn sie in dem Job die Zeit dazu noch findet — es ist allein ihr Vergnügen, es interessiert kaum jemanden. Eine ausreichende Gepflegtheit für die Kunden — sicher, sie darf nicht aus dem Rahmen fallen — auch klar. Aber jede Minute mehr, jede Mark für die Kosmetikindustrie ist verschenkt.

Diese Beispiele sind zunächst nur dem Outfit entnommen, und nicht ohne Grund. Weibliche Identität hängt zu offensichtlich vom Äußeren ab, ganze Industrien ernähren sich davon. Erst an zweiter Stelle geht es um das Verhalten, die Kommunikation. Auch da wird Weiblichkeit sichtbar.

Der weibliche Führungsstil – es gibt ihn!

Alle, die sich darüber äußern, sind sich einig: Frauen führen besser, so wie sie auch besser autofahren. Sie überschätzen sich nicht, haben nicht das zwanghafte Profilierungsbedürfnis vieler männlicher Karrieristen, sie mischen Fachwissen mit Intuition und bieten damit die erwünschte menschliche Atmosphäre im Betrieb. Ihre Schwierigkeiten liegen vor allem in der Anfangsphase einer neuen, verantwortlichen Stellung, wenn sie in ein bestehendes Team kommen und plötzlich — als Frau — Chef dieser Truppe sind. Schauen wir uns diese Situation an!

Wird die Chefin akzeptiert?

Sie kann begründete Sorge haben, ob die neuen Untergebenen diese Situation annehmen. Akzeptieren hieße: billigen, hinnehmen; nun — sie werden es hinnehmen müssen! Eine/n Vorgesetzte/n werden sie dulden müssen in dieser Firma und ihrer Position, und nun ist es eine Frau. Aber eine ganz andere Tatsache ist das Problem, nur sprechen Männer weniger darüber: Jeder Vorgesetzte wird von seinen Mitarbeitern auf Führungsfähigkeit abgeklopft, und es werden immer Emotionen auftauchen.

Wie sichert sich die Chefin die Akzeptanz der Mitarbeiter, Kollegen, Kunden und der eigenen Vorgesetzten?

Indem sie keine Schwierigkeiten damit hat, sich selbst in dieser Führungsrolle anzunehmen. Wer sich vor allem seiner selbstgewählten Aufgabe mit Begeisterung hingibt, wird sich dem Rest des Teams nicht als Gegenüber empfinden, sondern als Teil einer Gruppe, die dasselbe Ziel hat.

Welche Vorbilder?

Unser aller »Bild der Frau« kommt ja nicht von der einzelnen selbst. Wer setzt uns heute noch Bilder vor, und wie sehen sie aus? Sind wir immer noch davon beeinflußt — Sie auch? Oder glauben Sie vielleicht, völlig unberührt von der alltäglichen Bilderkost wirklich Sie selbst zu sein? Bitte sehr: hier die subtile Unterwanderung unseres Selbstbildes.

Zu wenig beachten die Leser/innen die Anzeigen der großen Arbeitgeber. Jedes Jahr, wenn wieder um die Hochschul- und Schulabgänger geworben wird, kann die Öffentlichkeit sich informieren, wie ernst es der Wirtschaft mit der Gleichbehandlung von Frauen ist. Man muß eben genau hinsehen:

Der Mann, dessen überragende Körperlänge immer noch deutlich gemacht wird, dazu in Schulterhöhe extra jüngere Mädchen, nicht Frauen im passenden Alter, die ihn einrahmen und damit als Mittelpunkt hervorheben. Sie schauen bei ihm mit hinein, ins Handelsblatt, selbst haben sie keine Informationen zur Hand.

Auch hier: Er besitzt die Informationsquellen, sie schaut ihm über die Schulter — vom Fotografen ohne Tiefenschärfe aufgenommen, lediglich als verschwommener Hintergrund dabei.

Paare im Berufsleben — wie der Fotograf sie darstellt, oder wie der Auftraggeber sie dargestellt haben möchte.

Wem gehört der weite Horizont? Bildmitte: dem aktiven Mann. Die weibliche Beigabe ist nicht nur klein, sondern mit Absicht unscheinbar — denn ihr Bild ist unscharf! Die Vergrößerung macht das deutlich. Welche Chancen die berufstätige Frau in solchen Unternehmen wohl hat?

Das Selbstgefühl des Mannes ist auch davon geprägt, daß er, wo auch immer in der Welt, weiblicher Betreuung sicher sein kann.

Ihr nunmehr geschärftes Auge sieht weitere Details der Körpersprache: das wichtige Abstandsverhalten.

Dem Statushöheren wird mehr Raum zugestanden, Dienstpersonal hält Abstand und es läßt den Höheren den Abstand bestimmen.

Schauen Sie bei der Beurteilung von Distanzverhalten auch, was der Kopf und was der übrige Körper macht. Gibt er eine harmonische Linie? Die drei Frauen zeigen unterschiedliche Haltungen.

Oben: Körper auf Abstand, Kopf dienstbeflissen zugeneigt. Mitte: Der linke Arm fast schon intim, aber zurückgenommen durch den Rückzug des Kopfes. Unten: Aufrecht, neutral und umkehrbar!

Wer Zeitungsanzeigen genau anschaut, findet unterschwellige Manipulation zuhauf.

Zwei Damen rahmen die Herren in der Bildmitte ein.
Sie sind kleiner als die Männer.
Links die Dame steht vor dem Mann (Schulter), dafür neigt sie den Kopf in seine Richtung.
Die andere Dame mit dem erhobenen, geraden Kopf steht hinter »ihrem« Mann.

Diese Abbildung ist noch deutlicher in der Aussage:
Das Zugeneigt-sein, das Lächeln in die Kamera zeigen als Beziehungs-Signale die Abhängigkeit der Frau von den Menschen ihrer Umgebung.
Der junge Mann schaut optimistisch nach oben (seine Erfolgslinie) in die Welt, die er zu erobern gedenkt.

Werbung aus »KARRIERE«.

Aber — langsam ändern sich die Zeiten! Hier ist der natürliche Längenunterschied eliminiert, die Schulter der Frau ist sogar um ein Weniges höher. Sie ist ihm nicht zugeneigt. Sie hat ihre Tasche in der rechten Hand, scheut also nicht diese Abgrenzung. Bleibt die Frage offen, ob er seiner Assistentin etwas erklärt, oder ob er seiner Chefin Rapport erstattet, oder ob sich Kollegen im Gespräch befinden.

So sieht er sich immer gern: dozierend. Auch mit einer Hand in der Tasche, was eine Verlegenheitshaltung ist, auch mit der falschen Hand an der Tafel. (Nicht über die Schulter reden!) Neu ist, daß die beiden Kolleginnen keine Anstalten machen, dieser Präsentation zu folgen. Nehmen sie ihn nicht ernst?

Abb. 1

Die Werbung bietet nicht nur falsche Vorbilder. Hier ist es eine Frau, die zeigt, wo es langgeht. Die Linke vollführt gerade eine Geste, die bisher als männlich eingestuft wurde. Der Handkantenschlag assoziiert Entschiedenheit beim Durchschlagen oder es ist eine richtungsweisende Geste, einer Führungskraft angemessen.

Abb. 2

Auch hier ist die Frau, wie oben, eingerahmt von den anderen Abgebildeten. Sie spricht, ist aktiv, hat die Hände in vorbildlicher Redeposition und — man hört ihr zu!

Ein Blick auf die Kleidung der Frauen auf den beiden letzten Abbildungen — jeweils in Bildmitte — zeigt, daß der Blazer für die Geschäftsfrau das angemessene Oberteil ist. In Abb. 1 schauen die Manschetten korrekt aus den Ärmeln, in Abb. 2 wurde dieses Detail nicht beachtet.

Die Alibi-Frau

Diese Anzeigen sind »KARRIERE«, der Beilage des »Handelsblattes« und der »Wirtschaftswoche«, entnommen. Die unterschiedliche Größe von Mann und Frau ist also kein Thema mehr, wie schön. Daß Aufsteigerinnen sich aber selbst zum »Kind« degradieren (oben) mit schenkelkurzem Röckchen oder ihre Unfähigkeit zu stehen (geschlechtsspezifische Beinhaltung, unten) öffentlich demonstrieren, das hat niemand von ihnen verlangt!

Was bedeutet die weibliche Beinhaltung? »Hilfe — ich werde vergewaltigt!« (Niemals ist je ein Mann in dieser Weise abgebildet worden, es sei denn als Transvestit.)

Als mitgenommene Begleitperson weiß frau natürlich nicht zwischen Hotel und Terminal zu unterscheiden. Angesichts einer Rotte Geschäftsmänner kann sie ja nur noch die Schenkel zusammenpressen.

Frauen im Beruf, die sich diese lächerliche Standhaltung nicht abgewöhnen, disqualifizieren sich nicht nur selbst (Angst- und Verlegenheitssignal!), sie tun auch ihrem Körper nichts Gutes an mit einem krummen Stand.

Typische Fehler der Aufsteigerinnen

Sie wagen es nicht, sich von dem Klischee »Frau« zu trennen, obwohl sie doch wissen müssen, daß nicht — jetzt noch nicht! — das typisch weibliche Verhalten im Geschäftsleben Eindruck macht. Das kann in zwanzig Jahren ganz anders sein, wenn die Welt doch noch am weiblichen Wesen genesen wollte, aber bis jetzt ist es für die einzelne Aufsteigerin nur eine Bremse.

»Weiblich« heißt nach wie vor:

- gefühlsabhängig, nicht rational
- kann nicht entscheiden,
- bricht unter Belastung zusammen,
- nimmt alles persönlich, kann nicht sachlich bleiben,
- kann nicht technisch und mathematisch denken,
- ist für ausführende Arbeiten gut zu gebrauchen,
- muß in den Chef verliebt sein, um Leistung zu bringen, sonst hat sie nur ihr Privatvergnügen im Kopf.
- Körperlich ist nichts mit ihr anzufangen, zu schwach gebaut, wenn sie ihre Tage hat, wird sie unberechenbar.
- In Verhandlungen kann man sie nicht schicken, es fehlt jede Härte, aber für den Empfang ist sie schön genug.

Die Liste kann noch lang werden. Uns interessiert, was die einzelne Frau mit den vielen, heute mehr versteckten, Vorurteilen der Umwelt anfangen kann.
Sie könnte sich aus der Vor-Erwartung ausklinken!

Wenn sie keine Signale aussendet, die dazu geeignet sind, diese Vorurteile zu wecken oder zu bestätigen, wird sie nicht in die entsprechende Schublade gesteckt.

Schwäche:

Alles, was schwach aussehen läßt, kann weggelassen werden. Mit langen, roten Fingernägeln kann niemand zupacken, will es auch nicht. Dünne Strümpfe signalisieren vorsichtige Tätigkeiten, weil sie überempfindlich sind, schnell kaputtgehen. Zierliche Schuhe, hohe Absätze sind der Gipfel der bewegungsunfähigen Weiblichkeit, des mangelnden Stehvermögens, zu erwartender Fuß- und Rückenschmerzen. Kein Mann kann sich vorstellen, wie eine Frau darin einen Arbeitstag überstehen will. Wenn sie es in der Position bezahlter Schönheit dennoch schafft, ist es ihm selbstverständlich und im Grunde gleichgültig.

Jung, schön, verspielt:

Ihr wird keine Verantwortung übertragen, wenn sie wie Funkenmariechen im Fasching oder wie auf Urlaub daherkommt. Flatternde Stoffe, sehr wenig Stoff, Klimperndes, Glitzerndes und Flatterndes um sie herum, farbig aufgemotzt, das schokkiert die Verantwortlichen.

Luxusweib:

Teuer, elegant, fürstlich, anspruchsvoll wie aus den Modeheften nicht unter zwölf Mark, ja, heutzutage kann sich das eine Chefassistentin leisten. Weiter wird sie vielleicht nie aufsteigen. Soll sie repräsentieren, zuarbeiten, man wird ihrer Schönheit huldigen. Aber zum richtigen Arbeiten wird man sie besser nicht nötigen.

Die Mutter:

Sie macht immer den Kaffee, hat Zeit für die Mitarbeiter und die Kollegen, hört zu, gibt Ratschläge, opfert sich in Überstun-

Die typische Assistentin: unheimlich tüchtig, fleißig, intelligent. Sie beherrscht das Büro; der Chef wäre verloren ohne sie. Sie wird nie Chefin.

den, um allem gerecht zu werden, bleibt dabei ungeheuer leistungsstark, freundlich, verfügbar. Sie ist unentbehrlich, für alle, vor allem auf ihrem unterbezahlten, arbeitsintensiven Platz. Niemand könnte das so gut, niemand könnte sie ersetzen – niemals.

Das Trainingsprogramm für die Alpha-Frau

Die Alphas sind die Bosse im Gegensatz zu den Omegas, dem Fußvolk. Was den Zoologen als Fachterminus dient, gilt auch für die Chefin. Die richtige Alpha erkennt jeder von weitem, und er wird sich hüten, sich mit ihr anzulegen. Wenn Sie diese Ausstrahlung für nützlich im Geschäft halten (und ich versichere Ihnen, sie ist es), so können Sie selbst einiges dafür tun.

Nach Ihrem Verhalten wird man Ihre Persönlichkeit beurteilen; ob das Fachwissen immer gebührend hoch bewertet wird, ist fraglich. Sorgen Sie dafür, daß Sie von Ihrer Umgebung wahrgenommen, Ihre Präsenz zur Kenntnis genommen wird. Das ist nicht Tradition in einer Gesellschaft, in der Frauen noch zu häufig den Nimbus der Unsichtbarkeit genießen: dienstbarer Geist, Gefährtin und Zuarbeiterin des Mannes, seine Muse, seine Dekoration.

Ihre Themen als Alpha:

1. Energie, 2. Disziplin, 3. Liebe zur Macht.

1. *Energie*

Wie gehen Sie in ein fremdes Zimmer hinein? Leise, zurückhaltend, unauffällig? Ganz falsch! Damit zementieren Sie die Vorurteile der Mitmenschen, daß Frauen für Führungsaufgaben nicht geeignet seien.

Was Sie brauchen, ist Sieger-Mentalität! Vergessen Sie das Mädchen-Pensionat, gehen Sie durch jede Tür mit der Energie der Gewinnerin. Durchschreiten Sie siegessicher jeden Raum.

Strecken Sie die Wirbelsäule, tragen Sie den Kopf aufrecht. Die Muskeln der Oberschenkel und des Gesäßes sind beim Gehen gespannt, sie federn den Schritt ab. Ein lascher, energiearmer Gang läßt Sie unelegant in jeden Schritt hineinplumpsen. Zum kraftvollen Gehen braucht frau keine Stöckelschuhe.

Machen Sie sich in Ihrem Revier energisch breit! Verteidigen Sie jede Grenzverletzung! Ihre intime Distanzzone darf niemals öffentlich sein, so daß sich jeder wie auf dem Marktplatz bei Ihnen wohl fühlt. Unmißverständliches Raumverhalten verschafft Ihnen Respekt. Bevorzugen Sie keine/n Mitarbeiter/in durch mehr Nähe, das wird sehr penibel registriert.

2. *Disziplin*

Wie stehen oder sitzen Sie im Gespräch mit Kollegen, Kunden, Vorgesetzten? Neigen Sie zum Herumhängen, zu spontanen Gefühlsausbrüchen, sind sie manchmal gelangweilt oder verärgert?

Das sind alles Hinweise für mangelnde Disziplin. Menschen, die nach Macht und Einfluß streben, sind diszipliniert, denn anders geht es nicht. Es ist demnach nicht das momentane eigene Empfinden Maß allen Tuns, sondern der Wille, die Situation zu beherrschen und größtmöglichen Nutzen aus ihr zu ziehen. Immer! Das setzt voraus, was nicht oft genug gesagt werden kann, daß die eigene Zielrichtung glasklar im Kopf steht und Maßstab für das Handeln ist, nicht die Wünsche und Interventionen der Gesprächspartner. Die Modalitäten der Zielerreichung sollten sehr früh gelernt werden: Gesprächstechnik, Nutzenbieten, Problemlösungsmethoden, Rhetorik, gesunde Lebensführung, Psychologie.

Zeigen Sie nicht Langeweile oder Ärger — sondern Entschiedenheit! Wer gelernt hat, Gespräche zu führen, wird nicht gelangweilt, denn es werden ja seine Ziele verfolgt. Bei Kontroversen bringt es die Verhandlung nicht weiter, emotional (mit Ärger) zu reagieren, es wäre ein Zeichen von Schwäche.

Üben Sie, Kritik zu ignorieren!

Berechtigt oder nicht, Sie werden sich nicht rechtfertigen, denn das hieße, Sachthemen auf der Beziehungsebene zu behandeln. Worum geht es? Wo ist das Problem? Wenn es überhaupt eines sein sollte.

Schotten Sie sich ab gegen persönliche Bemerkungen, die Sie als Frau meinen. Sagen Sie »Danke« zu einem Kompliment, aber ziehen Sie es sich nicht ins Gemüt. Das Gegenteil kann Sie dann auch nicht treffen. Jeder versucht, auf die bekannte Emotionalität der Frau zu schießen. Bei Ihnen sollte das vergebens sein. Eine Bemerkung an Ihre Adresse müssen Sie nicht kommentieren, es genügt ein beiläufiges »Ach«. (Punkt.)

Trainieren Sie, nicht spontane Antworten zu geben: den Fragenden ausreden lassen, selbst erst einmal ausatmen. Damit wird vermieden, daß Verlegenheitsfloskeln als erstes zu hören sind. Zwei Sekunden Überlegung genügen, um das »Also, ich würde sagen …« oder »Naja, ich meine …« ersatzlos zu streichen.

3. *Lernen Sie, die Macht zu lieben*

Sie werden an Ihrem Verhalten gemessen, nicht an den Vorstellungen des Frauenförderungsprogramms. Wollen Sie menschliche Wärme, Geborgenheit und Zustimmung? Dann ist dieser Weg nichts für Sie. Es gibt ja noch das Privatleben. Im Geschäft ist Wettkampf angesagt: besser sein als andere und siegen. Das Geschäft menschlicher machen können Sie dann, wenn in achtzig Prozent aller Unternehmen Frauen den Vorstand bilden.

Nehmen Sie sich einen Mann, den Sie anerkennen können, als Vorbild. Studieren Sie sein Verhalten, das Auftreten, die Kleidung, seine Werte, sein powerplay. Hören Sie auf, Frauenzeitschriften zu lesen. Kaufen Sie dafür Manager- und Wirtschaftsmagazine. Lernen Sie Schnellesen.

In welcher Lautstärke reden Sie? Alle Frauen im Sprechtraining finden, daß sie bei der Rufübung unerträglich laut sprechen. Das ist ein Irrtum. Jetzt werden sie zum erstenmal verständlich! Jede Frauenstimme ist um die Hälfte an Kraft und Tragfähigkeit zu verbessern. Dann wird man ihnen endlich zuhören.

Gewöhnen Sie sich den fragenden Klang in Ihrer Stimme ab. Das beginnt beim Nennen des eigenen Namens, wenn die Stimme nach oben zieht oder bei der Begrüßung, die endet, wie mit einem Fragezeichen versehen. Trainieren Sie den hörbaren Punkt am Ende des Satzes. Wir geben eine Feststellung ab, keine Frage: »Guten Tag, Herr Huber. Schön, daß Sie kommen konnten.« Auch »Wollen Sie bitte Platz nehmen!« ist keine Frage, sondern eine Anweisung in sehr konzilianter Wortwahl.

Üben Sie, Redende zu unterbrechen, fallen Sie ihnen so entschlossen ins Wort, daß Sie damit durchkommen. Geben Sie nicht gleich wieder nach, wenn die anderen versuchen weiterzureden. Überlegen Sie dabei, was Ihre Zeit kostet, dann fällt es Ihnen leicht.

Schneiden Sie anderen das Wort mit Hilfe einer »schneidenden« Handbewegung ab, nehmen Sie die Energie in Ihre Hand, blocken Sie den anderen nonverbal ab.

Schauen Sie Redenden, mit denen Sie keine freundschaftliche Beziehung pflegen müssen, auf einen Punkt genau zwischen die Augen. Sie dürfen zwinkern, aber nicht den Blick von dem Punkt wegnehmen. Das wirkt auf den Angeschauten äußerst kalt, irritierend, einschüchternd — je nach Ich-Stärke desjenigen.

Brutale Überlegenheit können Sie noch auf zweierlei Art ausspielen:

Indem Sie ganz zu Anfang jedes Gesprächs den/die anderen scharf und kritisch mustern, jede Information einholen, den Blicken nie ausweichen, um nach kurzer Zeit völlig umzuschwenken, nämlich nur mehr sehr wenig anschauen. In der ersten Phase wurde Ihre Überlegenheit klargestellt, in der zweiten entziehen Sie den anderen Ihre Zuwendung — es lohnt nicht. Das ist gemein und unmenschlich, aber sehr wirkungsvoll.

Wenn Sie sich nach der Rede eines anderen auch die Bestätigungen (Nicken, Ja-Sagen, Lächeln, »Hmhm, aha ...«) versagen, wird es komplett.

Dazu paßt die gerade, mäßig gespannte und konzentrierte Sitzhaltung, nicht etwa der desinteressierte Lümmelsitz. Und: Breitmachen nicht vergessen.

Die Frau auf Reisen

Die Straße, die Lokale, das öffentliche Leben ist traditionell Revier des Mannes, die Frau war Freiwild. Selber schuld, wenn sie nachts auf der Straße überfallen wird — was hatte sie da zu suchen?

Nun, da Frauen sich selber ihr Geld verdienen müssen, sind sie auch unterwegs. Ein gutes Trainingsfeld, um die Liebe zur Macht zu erproben.

Kommt sie daher als Grande Dame, zögernden Schritts, in Erwartung des Personals, das ihr alles abnehmen wird? Ist sie frustriert von den Unbequemlichkeiten des Reiselebens? Will sie ihren heimischen Perfektionismus (weibliche Krankheit), immer wie aus dem Ei gepellt zu sein, hier ausleben? So wird das nichts.

Das Gepäck muß klein, leicht, handlich sein. Frau muß sich nicht dreimal am Tag umziehen. Sie braucht nicht zu jedem Schuh die passende Handtasche, die Tücher, den allein harmonierenden Schmuck, die passende Nagellackfarbe ...

Für drei Tage genügt auch ein Kostüm mit verschiedenen Blusen. Dem Wetter wird Rechnung getragen mit einem Pullover und vielleicht dem Regenmantel. Ein Hut ist nur berechtigt, wenn er den Schirm ersetzt. Dieser eine Anzug (oder Kostüm) muß beim Frühstück so passend wie abends im Lokal sein. Das heißt: Verzicht auf jede Auffälligkeit und Extravaganz. Das Geschäft und noch weniger die Reise ist nicht dafür da, sich in modischer Darstellung zu profilieren, sondern allein, die eigenen Geschäfte weiterzubringen.

Die einzige Frage beim Packen heißt: Brauche ich das wirklich, geht das nicht viel einfacher? Es ist kaum zu glauben, was frau alles *nicht* braucht!

So durchschreitet sie selbstsicher, mit kraftvollem Schritt die Hotelhalle — zunächst nur mit Handgepäck, das ist würdevoller. Nein, es gibt nicht in jedem Hotel und nicht zu jeder Uhrzeit einen Kofferträger. Entweder bringt es der Taxifahrer herein, oder man läßt es im Auto oder auch an der Tür stehen. Das Einchecken sollte unbelastet geschehen, in guter Haltung.

Wer das Hotel nicht kennt, weiß vorher nicht, was für Nachteile gerade dieses Zimmer hat, das einer alleinreisenden Frau vielleicht angedreht wird. Rechtzeitiges mentales Training kann helfen: Das Beste ist für mich gerade gut genug! Überlegen Sie sich vorher, ob Sie den Blick über die morgens starkbefahrene Straße wünschen oder nicht doch lieber nach hinten wohnen wollen, wo es ruhiger ist. Ein Blick aus dem Zimmerfenster sollte Sie vor dem Auspacken darüber aufklären, ob hier der Wirtschaftshof liegt mit den Gebläseausgängen des Restaurants. Kurze Kontrolle des Bades: Ist etwas zu beanstanden? Brauchen wir ein zweites Kopfkissen, eine Decke? Reklamieren Sie oder bitten Sie um etwas mit höflichen Worten, aber entschiedenem Tonfall. Ohne Emotionen.

Die Abende im Hotel wie auch die Mahlzeiten in Restaurants verunsichern manche Frauen, die sich allein fühlen. Auch dieser Einsamkeit kann Positives abgewonnen werden: das gute Gefühl eigener Macht. Auch wenn es ungewohnt ist, so gibt es hier wieder Chancen des persönlichen Wachsens. Unterwegs mit sich in bester Gesellschaft sein zu können, macht unabhängiger von der Zustimmung der Umwelt, und das hilft wieder im Alltag, wenn frau auch nicht jedermanns Schätzchen sein kann.

6. Ihr persönliches Image: Überlegenheit durch Stil

Wie anders sollte sozialer Status deutlich (gemacht) werden, als durch das Beiwerk, mit dem man sich umgibt, und das vor allem etwas kostet? Aber wollen Sie Ihren sozialen Status überhaupt demonstrieren? Gehören Sie nicht eher der neuen Generation an, die es, wenn nicht gar verwerflich, so doch unbequem findet, auf Traditionsregeln achten zu müssen?

Bevor wir gegenseitig Vorurteile austauschen, lassen Sie uns einfach einige optische Regeln berücksichtigen, die sich seit Jahrhunderten etabliert haben und auch noch länger Wirkung zeigen werden.

Gekleidet für den Erfolg

Nehmen wir die Wirkung von Farben. Sie können sich heute unter so vielen Angeboten der Stoffindustrie wie nie zuvor etwas aussuchen. Auch sind die Schranken gefallen, die früher den einzelnen Ständen bei Strafe verboten, sich anders zu kleiden, als für den Status vorgeschrieben war.

Wir können also machen, was wir wollen.

Die Farbe der Farben ist immer noch Rot. Kinder lieben Rot, nichts hat mehr Leben, nichts ist aufregender. Prostituierte stöckeln auf blutrotem Leder über den Strich, dazu vor allem Haut. Als Fahne verbreitet sie den Schrecken der Revolution, oder sie stachelt ihre Anhänger zu Gewalttaten an. Die kriegerische Signalwirkung kennen auch Naturvölker; sie schmieren sich Rot auf den Körper, ins Gesicht, um ihre Feinde zu schrecken.

In einer Fernseh-Diskussion saß unter der Überzahl von Männern auch eine angesehene Frau, einigermaßen prominent, die durchaus etwas zu sagen hatte. Sie trug ein schlichtes Kostüm in einem sehr edlen Grau und machte damit einen ernsthaften Eindruck. Aber, als wenn irgendwo etwas ausgerastet wäre: an den Füßen hatte sie knallrote Pumps.

Solche »ausgerasteten« Signale sind ja nicht so selten. Da hat sich ein Mensch in dieser Gesellschaft seinen Platz genommen, mußte selbstverständlich die Spielregeln weitgehend einhalten und erhielt dafür den Lohn, nämlich seinen angestrebten Status. Aber in einem Eckchen seines Herzens begehrt etwas auf. Ist es das Kind, das einst rote Schuhe über alles liebte? Ist es die Dirne, die ihre Macht über die Gier der Männer auskostet? Irgendein Impuls aus der Tiefe sucht sich hier Raum zum Leben, innerhalb der Legalität, versteht sich.

Nahe an dieser überaus gefühlsdiktierten Vorliebe liegt der Drang nach dem Schwarzen. Nichts ist so unnahbar! Sich erhöhen und Abstand halten zur Meute. Als Uniform schon immer angsterregend, als Soutane Unberührbarkeit festlegend. Existentialisten und ihre heutigen Enkel, manche Literaten, Kellermusiker lieben ein stumpfes, morbides Schwarz, das dem Rest der Welt ein klares Nein entgegenschleudert, ein Pfui der Heiterkeit und Leichtigkeit.

Schwarz ist und bleibt das Besondere, das Distanzierende. Verbunden mit Glanz und Metall vermittelt es reine Machtdarstellung. Schwarz stellt Macht dar, Rot übt sie aus.

Niemand kann sich dieser Suggestivkraft entziehen. Was tut also jemand, der sich fürs Geschäft kleiden will oder muß, und einen heftigen Wunsch nach diesen dominierenden Farben verspürt? Meine Warnung: Er soll seinen Drang zügeln!

Wem es nach Schwarz gelüstet, der kann auf eine milde Variante ausweichen und sich mit Dunkelblau oder Anthrazit Erleichterung verschaffen. Das gilt für beide Geschlechter. Frauen sollten das Dunkle zusätzlich mit einem hellen Kragen oder Tuch kommunikativ gestalten.

Liebhaber des Blutrot gibt es unter Männern kaum. In der Frauenkleidung setzt es die oben erwähnten Akzente ausnahmslos, ob es der Ledergürtel, die Handtasche oder der Nagellack ist.

Doch — eine Ausnahme gibt es! Die bayerischen Trachtenkostüme gibt es in strahlendem, hellen Rot mit den bekannten lodengrünen Applikationen. Der Rock ist wadenlang, dazu gehört die hochgeschlossene weiße Bluse und traditioneller Schmuck. Nun, dahinter würde niemand eine professionelle Liebesdienerin vermuten.

Auch wenn Sie jetzt gähnen müssen: Grau und Blau sind aus diesen Gründen die Farben für eine Führungskraft. Sie sind dunkel, schaffen also Distanz, ohne überheblich zu wirken. Alles andere verschafft dem Träger, der Trägerin nicht den Abstand, den die Funktion fordert.

Die Form gehört zum Inhalt, das lernten wir schon in der Schule. Aber wie? Sie kann ihm entsprechen, sie kann auch für Überraschungen gut sein. Damals hörten wir noch: außen hui, innen pfui! und sollten damit zu Sauberkeit und Ordnung auch dort angehalten werden, wo es nicht jeder sieht. Heute kann der Spruch auch umgekehrt klingen. Viele Statushohe machen es sich zum Prinzip, einen vergammelten Anblick zu bieten. Es sind dies aber nicht die Bessergestellten, deren Streben nach wirtschaftlichem Erfolg geht, es sind in der Regel Geistesarbeiter, die ihren Protest gegen die Kleidernormen ihrer Eltern kundtun.

Konkret wird die Form eines Kleidungsstücks sichtbar am Beispiel des Herrenanzuges. Früher, als Normen noch eingehalten wurden, waren sie schwerer als heute, waren mit Roßhaareinlagen und Versteifungen dazu gebracht, lange diese Form zu wahren. Die Stoffe wogen beträchtlich, was in den spärlich geheizten Räumen nicht unangenehm war.

Heute wird es den Herren bequemer gemacht, wenn sie dies wünschen. Wenn wir die Grundregel bejahen, daß »innen so wie außen« ist, zeigt sich hier nicht nur eine Folge der Zentralheizungen, sondern der Wunsch, nicht zu viel Form zu haben. »Format« hängt damit zusammen, was jemandem mit außergewöhnlicher Ausstrahlung zugesprochen wird.

Jemand, der das innere Format hat, wird gewöhnlich nach derselben äußeren Form streben. Er wird, außer in der Freizeit, nicht aus der Form laufen, nicht aus dem Leim gehen. Der Kommunikationspsychologe Hans-Joachim Hoffmann deutet auf die Psyche der Träger sogenannter Geschäftsanzüge hin: Sie wollen ihre Gefühlsbedürfnisse nicht bloßlegen durch das Anlegen eines »schweigsamen Gehäuses«, sie meiden die ausdrucksvolle Bekleidungsvielfalt zugunsten der Gesellschaftsmaske. Exaktheit, Makellosigkeit und Zielstrebigkeit — seit anderthalb Jahrhunderten! Der Herrenanzug sei das älteste Beispiel für zivile Uniformierung mit dem Zweck von Ausdrucksarmut, mit der Folge der kommunikativen Verarmung. An die Stelle von farbiger Unbekümmertheit tritt affektfreies Handeln und Arbeiten. Hoffmann macht hier ein Tabu der männlichen Gesellschaft fest: Das Denken über Kleidung sei tabuiert, denn es würde Triebverzichte bloßlegen und Statussymbole als Machwerke entlarven.

Hier spricht der Berliner Professor sicher manchem voll aus der Seele, ebenfalls werden manche ihren lieben Mann, einen Freund vor Augen haben.

Macht Kleidung psychisch krank? Sind alle Träger von Anzügen Triebverzichtler?

Die uniforme Kleidung selbst wird natürlich niemanden krank machen, aber sie kann vorhandene Kommunikationsstörungen vertiefen. Die Mitmenschen fangen ja die abwehrenden Signale der Uniformen oder uniformähnlichen Anzüge richtig auf und halten sich zurück mit Kontaktangeboten. Der Träger wird möglicherweise isoliert und beschränkt seinen Kontakt auf andere Männer mit derselben Uniform.

Aber das muß ja alles nicht so sein! Wahrscheinlich ist der größere Teil der Anzugträger völlig normal in seinem Triebverhalten, nimmt die Sache mit dem normalen Anzug eben, wie sie ist, und denkt nicht weiter darüber nach. Zu Hause fliegt die Krawatte als erstes herunter, man steigt in den Jogging-Anzug und hat es bequem.

Ich sehe keine Alternative für den Anzug, aber ich sehe auch keine Notwendigkeit, ihn abzuschaffen. Wenn etwas seit anderthalb Jahrhunderten in fast gleicher Form existiert, heißt das wohl nicht, daß sich eine Neurose als unverzichtbar erwiesen hat, sondern daß dieses Stück ausgereift und optimal ist.

Warum sind Heerscharen von Frauen auf die Hose umgestiegen? Warum ist kaum ein Mann darauf gekommen, daß er sich in einem Rock verwirklichen könnte? Erste Anzeichen der Damenoberbekleidung gehen weiter, sie bieten in Mänteln endlich geräumige Innentaschen an. Im Zeitalter der reisenden Frauen werden auch die Damenblazer bald Innentaschen bekommen, das setzt voraus, daß sie stabiler geschneidert werden, sonst zieht es das Futter herunter. Ich habe es ausprobiert. Also warum nicht gleich eine flotte Jacke aus der Herrenabteilung? Sie sind sogar erheblich billiger bei besserer Stoffqualität. Was — die Knöpfe sind auf der falschen Seite? Ach, du liebe Güte!

Herrenhosen haben ebenfalls genügend Taschen für alles, was der berufstätige Mensch unterwegs braucht. Es wird nichts so leicht gestohlen oder vergessen wie Damenhandtaschen!

Das Damenkostüm ist kein Pendant zum Herrenanzug, es ist eine unpraktische Bekleidung, entschieden zu teuer und ohne Sinn modischen Trends unterworfen, die den Käuferinnen einzureden versuchen, es keine zwei Jahre tragen zu dürfen. Ein Herrenanzug wird zehn Jahre getragen, ohne unmodern zu sein. Von den Schuhen will ich gar nicht erst anfangen.

Sehen wir uns an, was die Industrie dem berufstätigen Menschen heute bietet.

Ein Ensemble aus der neuesten Kollektion, schwarz mit feurig-farbenen Applikationen, wahlweise mit Rock oder Steghose zu tragen.

Die Steghose ist in der nächsten Saison wieder out. Andere Hosen oder Röcke passen dann nicht im Stoff zu dem schönen Oberteil. Ein Saisonartikel für die Kleidersammlung?

Die normale Frau hat selten so attraktive Knie, daß ein Minirock die reine Augenweide wäre. Außerdem: Warum soll sie die Form und Behaarung ihrer Waden zum Gesprächsthema ihrer Angestellten und Kunden machen?

Ein erster Besuch in der Herrenabteilung, noch ein wenig unsicher. Aber einiges spricht dafür: ausreichend Taschen, die Hände bleiben frei. Gute Stoffqualität, annehmbarer Preis, bequem geschnitten, schön leicht zu tragen. Kommt nicht aus der Mode. Und für Individualisten mit Profilierungswunsch: Anders als andere!

Klar — sie sieht gut aus, sie fühlt sich wohl!

Sie setzt optische Akzente: Der Kick entsteht durch die überraschende Mischung von weiblichen Signalen (Haare, Ohrschmuck) mit den strengen Attributen. Eine dynamische, junge Karrierefrau wie Ingrid kann neue Maßstäbe setzen.

Interessant sind die unterschiedlichen Aussagen von dunkel und hell: Das Dunkle schafft Distanz, wirkt »vornehmer«. Der helle Anzug hebt den Träger nicht so ab, man kann sagen, er ist demokratischer. Führungskräfte sollen sich nicht scheuen, etwas »abgehoben« zu sein. Auch hier gibt es Chancen, sich zu profilieren:

Jung sein, Dunkles — nicht schwarz! — tragen, sehr kommunikativ agieren, sehr freundlich im Umgang, lockere Körpersprache. Diese Mischung gibt wieder den überraschenden und überzeugenden »Kick«.

Beim Kauf des Anzuges muß darauf geachtet werden, daß die Hemdärmel zu sehen sind. Bei dem Sakko rechts müssen die Ärmel noch gekürzt werden.

Die modischen Zweireiher knöpfen nur ein Paar Knöpfe, die anderen sind blind aufgesetzt. Wenn der Sakko zwei Paare knöpft, bleiben die unteren immer offen, genauso wie niemals der unterste Westenknopf zugemacht wird.

Der Hemdärmel schaut mindestens einen Zentimeter hervor. So ist es richtig.

Das Hemd hat zu kurze Ärmel.

Das elegante Kostüm für die Geschäftsfrau, die sich den kurzen Rock erlauben kann und will. Das weibliche Signal (Knie, Haut) korrespondiert mit der Strenge des Oberteils. Hier wird nicht aus der Rolle gefallen, Frau bleibt Frau.

Auch die Farben machen Eindruck. Was hier nicht erkannt werden kann: Das dunkle Kostüm ist in einem wunderbaren Aubergine-Ton, nicht schwarz, was nicht zum Tag passen würde.

Das helle in der vorigen Abbildung ist kräftig hellgrau, eine überhaupt nicht müde Farbe, sondern überaus elegant.

Vor der Entscheidung für ein neues Kostüm muß die Trägerin unbedingt einige Tests durchführen: Wie sieht sie später vor den kritischen Augen ihrer Mitarbeiter oder Kun-

den aus, wenn die sie von hinten eine Treppe steigen sehen? Ist der Schlitz im Rock noch tragbar? Kommt sie damit auch auf einer Reise auf das Trittbrett des Wagens?

Eine Treppe elegant hinunterzugehen, wird auch nicht in der Schule gelernt. Hier schaut der Unterrock schon etwas hervor.

Manche Damenmodehäuser haben dankenswerterweise auch Sessel stehen. Probieren Sie vor dem Kauf vor einem Spiegel, welche Figur das Kostüm jetzt im Sitzen macht. Denken Sie sich in die Lounge Ihres Hotels, wie Ihre Gesprächspartner Sie dann beurteilen werden.

Die Jacke wird vor dem Setzen aufgeknöpft, sonst schiebt sie sich im Sitzen hoch.

Wie weit sollte der Rock die Beine denn bedecken?

Das ist die damenhafte Beinhaltung im Minirock auf weichem Sessel. Niemand sollte dabei eine Anspannung oder Anstrengung bemerken, sonst wären die Gesprächspartner darüber peinlich berührt.

Hier die entspannte, zurückgelehnte Variante. Selbstverständlich müssen die Knie streng geschlossen sein. Bei aller Mühe schaut nun doch das Rockfutter links wieder hervor. Aber das ist bei Miniröcken immer so, also ein gewohnter Anblick. Es ließe sich durch Kürzen des Futters zwar beheben, aber dann bleibt der innere Saum des Rockes ungefüttert, er wird sich beim Gehen an den Strümpfen festhalten und den Rock verziehen.

Wer anders als der Durchschnitt aussehen will, dazu den seriösen Touch liebt, findet in jeder Saison zeitgemäße Mode mit Trachten-Einschlag. Vorteile: Das Kosten-Nutzen-Verhältnis ist käuferfreundlicher als bei der schnellebigen Trendmode; der Hauch »Bodenständigkeit« steht jeder Altersklasse — läßt die Jugend reifer erscheinen und Ältere sportlich-dynamisch; sie ist bequem zu tragen, strapazierfähig und unempfindlich gegen das Wetter; nach längerem Einsatz bekommen die Stücke eine »Patina«, die sie noch wertvoller macht, während Trendmode längst aus der Form geraten ist.

Elegant, damenhaft und doch für einen arbeitenden Menschen geeignet. Für jedes Alter tragbar.

Sportlich-elegant, der weite Rock signalisiert Bewegungsfreude — ein sehr imagestarker Kleiderstil, weil keine »Eintagsfliege«, keine Trendmode, die nächstes Jahr erledigt ist.

Eine Zwanzigjährige gewinnt an Seriosität, eine Frau von Fünfzig strahlt Schwung aus. Zudem erübrigt sich der Zeitaufwand für viel Make-up, Nagellack und aufwendige Frisuren: Natürlichkeit ist in.

Anders als die anderen: im gemäßigten Country-Look ins Geschäft. Tweed, robustes Leder, Loden oder Kaschmir heben den Träger ab vom Business-Blaumann.

Trachten-Modelle von Frankonia Jagd, Würzburg

Optische Tricks für die Ausstrahlung

Wie in der Werbung heißt es auch bei der Darstellung der eigenen Person für den, der auffallen will: Anders als andere!

Man muß und sollte nicht zu dick auftragen, wenn der seriöse Eindruck erhalten bleiben soll. Ist das aber kein Kriterium, so gibt es heute fast grenzenlose Freiheit des öffentlichen Auftritts. Für Führungskräfte ist der Weg in der Regel sehr schmal, auf dem sie anders sein können. Meist zeigen sie mit auffallenden Signalen nur den Zustand ihrer seelischen Befindlichkeit: Ich bin zu sensibel, zu jung, zu abenteuerlustig für diesen Job, ich will Freiheit! Damit verletzen sie eine Regel der Werbung: den Konsumenten interessiert nicht das angeschlagene Selbstbild des beworbenen Objekts, sondern der Nutzen für ihn selbst. Wenn Sie sich mit Auffälligkeiten selbst darstellen, dann also mit Blick auf die Zielgruppe und auf das angestrebte Ziel. Warum tue ich das? Warum tue ich das so? Welche Wirkung soll erzielt werden? Interessiert das meine Zielgruppe?

Abgesehen von exotischen Branchen (»Orchideen«) haben wir einige Auswahl an Tricks, die, vorsichtig angewendet, auch ins Geschäftsleben passen.

Versuchen Sie, die Träume ihrer Zielgruppe andeutungsweise sichtbar zu machen — ohne ihren Neid zu erwecken. So könnte ein Reisebüroleiter auch im Winter in einem weißen Jackett (Dinnerjacket) die Reise auf einem Traumschiff im Herzen erstehen lassen, Sommer, Süden, weite See und das Captain's Dinner …

Wovon träumt die Elektronik-Branche? Von Fachleuten mit Super-Computer-Gehirn, solchen mit dem totalen Durchblick. Wer hat den? Einer, der Tag und Nacht am Apparat sitzt: kurzsichtig, mäßig gepflegt, unelegant, rhetorisch mangelhaft. Nur kein aalglatter Geschäftsführer-Typ!

Wer von Maschinen und Investitionsgütern lebt, sollte nicht zu geschniegelt auftreten. Ganz anders Finanzmenschen und Politiker, denen sehr viel Vorschuß-Vertrauen gebracht werden muß. Vertrauenswürdig sehen solide, nichtfarbene »altmodische« Anzüge aus oder die mit dem Trachten-Appeal.

Große Wirkung hat oft das Unerwartete: Zum streng geschnittenen Klassik-Anzug kann der Ältere eine längere Fönfrisur tragen, der junge Manager, der — klug! — den modischen Weichanzug nicht gewählt hat, eine konservative Frisur. Die Erwartung war genau umgekehrt: der junge trägt formlose Anzüge in Flieder mit gefönter Langhaar-style-Frisur. Wenn er sich zu einem echten Klassik-Anzug (»altmodisch«: Kiton, Rasch) mit schwarzen Schuhen, Budapester Lochung und rahmengenäht, entschließt, ist er ein Signal — aber positiv. Der Ältere kann nicht völlig aus der Erwartung fallen, denn in Flieder und Pink sieht er vor allem komisch aus, in jeder Branche. Mit den Haaren und einer auffallend schönen Brille kann er sich interessant machen. Geht er bewußt in die elegante Richtung (die Figur müßte schon stimmen), so sind die Schuhe ein wichtiges Signal. Er könnte mit Italienern zum konservativen Anzug den Pfiff bekommen, denn der Budapester macht Ältere alt; ähnlich wie Zegnas Krawatten, die für wissende Kollegen gut sind, aber für die Umwelt irritierend von gestern aussehen. Für Junge: toll! Für Ältere —?

Für alle ein Hinweis: Die Naßrasur macht Eindruck. Man sieht es, man riecht es, es ist einfach gentlemanlike.

Krawatten-Halter sind nicht gut, es ist leicht spießig, die Krawatte anzustecken. Für Junge: Haben Sie schon eine Krawattennadel mit Perle probiert? Mit Brillant erst am Abend. Auch ein Plastron (früher der Brustharnisch), der breite Seidenschlips mit Nadel, kann bei Jungen, regelwidrig getragen, hinreißend aussehen. Heutzutage ist er am Reiteranzug noch zu betrachten.

Der typische Geschäftsanzug ist, war und wird immer grau sein, so prophezeien es die maßgebenden Männer der Herrenausstattung. Heute ist zwar auch in unseren Breiten sehr vieles erlaubt, für die Fans von klassischem Life style sei hier jedoch

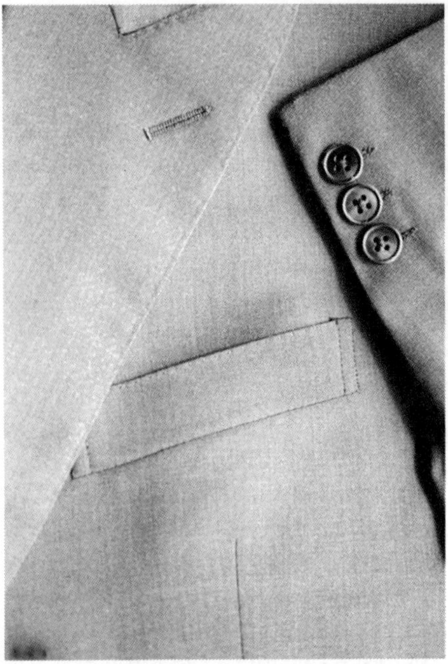

Wichtige optische Kleinigkeiten:

Die Knopflöcher sind genäht. Noch besser wären schneidermäßig durchgeknöpfte Ärmelschlitze. Die Kanten, auch an den Taschen, sind durchgenäht, was auf Handarbeit hinweist. Knopflöcher lassen sich bei Konfektionsanzügen nachträglich arbeiten.

das zusammengefaßt, was den Herrn auch optisch zum Herrn macht. Wer in gewisse Kreise Eingang finden will, sollte diese Punkte beachten.

Der Geschäftsanzug ist deshalb weitgehend dunkelgrau, damit er den ganzen Tag und auch den anschließenden Abend mitmachen kann. Im Manageralltag gibt es keine Zeit für Umzieh-Aktionen, wenn ein Essen oder Clubtreffen angesagt ist. Es wird nötigenfalls das Hemd gewechselt, Individualisten binden eine Fliege um, die anderen eine festliche Krawatte (die immer im Aktenköfferchen mitgeführt wird), und das war's schon. Sie tragen nichts anderes als schwarze Schuhe und schwarze Socken, das vereinfacht den alljährlichen Einkauf. Nach 18.00 Uhr darf nur Schwarz am Fuß erscheinen.

Wer ihn öfter braucht, hat im Büroschrank für abendliche Empfänge einen Not-Smoking, vielleicht mit Seidensocken und den feinen Slippern stehen. Ein Hemd, Fliege, frisches Taschentuch und Cummerbund (engl.; Hindi: kamarband, eingedeutscht: Kummerbund — hat nichts mit Kummer zu tun), aber nur zum Schalkragen. So kann es nicht passieren, daß Managers Zeitmanagement danebengeht wegen einer Heimfahrt zum Umziehen.

Diese Anzüge sehen für das Laienauge oft »altmodisch« aus, trist und schwer. Das macht aber nichts. Den Herrn untereinander ist dies überhaupt kein Thema, und Frauen, für die das ein Thema sein könnte, kommen im Geschäftsalltag dieser Männer nicht vor.

Je schwerer der Stoff, um so weniger Knitterfalten. Einzig der Stoff von Ermenegildo Zegna nimmt für sich in Anspruch, leicht, kühl und relativ unempfindlich zu sein. Seide und Leinen sind aus diesem Grunde als Geschäftsanzug nicht möglich, weil sie abends wie eine Ziehharmonika aussehen.

So einfach ist es, die Kleiderordnung für den gehobenen Geschäftsmann auf wenig Raum zu erläutern. Ja, das war es schon. Es gibt immer Stimmen, die diese vermeintliche Einfallslosigkeit bedenklich finden und um die Psyche der Träger des Einheitsanzuges fürchten. Die Sorge ist unbegründet. Das mängelfreie Selbstwertgefühl des Trägers läßt ihn das Thema Anzug als Nebensache ansehen. Das Problem wurde einmal im Leben geklärt — spätestens Mitte Zwanzig — und war dann abgehakt. Wer danach noch einmal anfängt, sich über seine Geschäftskleidung Gedanken zu machen, hat die Midlife-Crisis, einen psychischen Einbruch zwanzig oder dreißig Jahre später.

Jedes dieser Worte kann für die Leserin ohne Einschränkung gelten. Es erfordert eine Kehrtwendung im Kopf, ein Verlassen alter Maßstäbe. Aber das tut sie ja sowieso, indem sie in dieser Welt eine Spitzenkarriere anstrebt. Warum also nicht konsequent sein?

Nun ist es verhältnismäßig leicht, sich seinen Zegna (2000 Mark), Kiton (3000 Mark) oder Rasch zu kaufen oder sich —

viel preiswerter — bei Walbusch einen bauen zu lassen, für die Ausstrahlung aber muß der Träger, die Trägerin selbst sorgen. Dazu gehört das Benehmen, wie es eine Gesellschaftsschicht schon immer vorgeschrieben hat und auch heute vorschreibt. Darüber gibt es genügend Literatur, für Manager sind die Bücher von Heinz Commer zu empfehlen.

7. Etikette ist in!

Grundregeln

Seit es keine Hofhaltung mehr gibt, ist der Begriff Etikette nur mehr Makulatur, ohne daß sie ihren Geist ganz verloren hätte. Wer die Regeln verinnerlicht hat, gehört dazu, nämlich zu der Schicht der höflichen Menschen.

Es hat manchmal den Anschein, als seien die mit dem guten Benehmen den ungehobelten Klötzen unterlegen, mindestens im Geschäftsleben. Der Gedanke greift zu kurz. Solange jemand in einer Branche tätig ist oder auf einem gesellschaftlichen Niveau, wo er keinen anspruchsvollen Umgang findet, wird er seine gute Erziehung nicht als Schild vor sich hertragen. Was aber ist sein späteres Ziel? Auf dem Weg nach oben werden zunehmend Ansprüche gestellt, denen er genügen muß, um dabeizusein.

Kleine Unterschiede trennen den Snob vom ernstzunehmenden Aufsteiger: zum Beispiel, wie einer mit dem Personal umgeht. Nehmen wir einen Hotelaufenthalt. Manchen sehen wir dort, der hat es nötig, seinen Dienstreisestatus auszukosten, er übt einen Kommandoton, den er aus alten Fernsehfilmen abgeschaut hat und den er auch beherrschen möchte. Ein Mensch, der wirklich über den Dingen steht, hat diese Eigenerhöhung nicht nötig. Er sieht das sogenannte Personal als Menschen, die ebenso ihre Arbeit tun wie er auch.

Der eine kostet es aus, daß es in seinem Ermessen liegt, jemanden warten zu lassen, er will Herr über anderer Menschen Zeit sein. Selbst ist er natürlich über jede Verzögerung auf seinem Wege höchst ungehalten. Der Reifere weiß längst, daß er sich aus dem Weltgeschehen nicht ausklinken kann, auch nicht mit der goldenen Kreditkarte. Er ist den Unwägbarkeiten des

Alltags genauso ausgeliefert wie jeder andere, er hat nicht über alles Kontrolle, und nicht überall werden ihm Extrawürstchen gebraten. Vor allem verteilt er nicht unüberlegt und wahllos Schuldzuweisungen.

Meistens werden wir den Snob also am Umgangsstil erkennen, seltener an Äußerlichkeiten allein. Erst eine Diskrepanz zwischen Outfit und Auftreten gibt den Hinweis, daß da einer mogelt. Beispielsweise tritt jemand bei einer festlichen Veranstaltung im leinenen Knitteranzug auf. Sein Verhalten sagt, ich bin gekommen, ich will dazugehören. Sein Outfit stempelt ihn zum Außenseiter. Was sollen wir glauben?

Andersherum kann jemand auffallend schön und auch passend irgendwo erscheinen und sich durch Schweigen oder rätselhafte Äußerungen vom allgemeinen Small talk deutlich abheben. Seine Mühe mit dem Äußeren sagt: eure Meinung ist mir wichtig. Mit dem Verhalten baut er Barrieren: Ich will mit euch nicht wirklich zu tun haben.

Wer dazu neigt, beim Umgang mit den Mitmenschen solche oder ähnliche Rätsel aufzugeben, ist mit seiner öffentlichen Rolle noch nicht fertig, er hat seinen Stil noch nicht gefunden. Eine anspruchsvolle Umwelt wird ihm das als Unreife anlasten.

Zur ausgeübten Höflichkeit gehört es, daß jemand das gesellschaftliche Parkett sicher betritt und nicht als Forum seiner Ich-Findung benutzt. In dieser Phase wäre er zu selbstbezogen, um als anregender Gesprächspartner willkommen zu sein.

Wollen Sie sich »bei Hofe« behaupten, so werden Sie auch nichts gegen die Regeln der Etikette haben. Diese sind ja nicht nur als Torwächter gegen Fremdlinge aufgebaut, um eine Klassengesellschaft zu schützen, sie schaffen die Synthese von Materie und Geist: Von Geld und Ästhetik; von schönem Ambiente in Hotels, Restaurants, Opernhäusern und Museen zu dem Benehmen, das die Werte schätzt und erhält. Sie machen das Miteinander von Chef und Gefolge angenehmer durch geschmeidige Rhetorik statt Befehlen, sie erlauben Führen und wahren die Würde der Untergebenen — sie sind ein Zeichen von Reife und Verantwortung im Umgang mit Menschen.

Gäste und Besucher zu Freunden machen

Bekommen Sie öfter Geschäftsbesuche? Wollen Sie daraus mehr machen und gute Beziehungen zu Menschen herstellen, so denken Sie an die Gefühle der anderen. Welche Erwartungen kommen auf Sie zu, welche Wünsche sollten Sie erfüllen?

Es macht Spaß und ist gar keine Last, Geschäftskontakte und Beziehungen zu pflegen und somit auch Besucher zu empfangen und zu bewirten. Sie brauchen nur Ihre eigenen Träume zu befragen: Was würde Sie begeistern, wenn Sie einen Geschäftspartner in dessen Firma besuchen? Dafür gibt es ein Wort:

Gastfreundschaft.

Als Gastgeber kann der Manager, Geschäftsmann oder Unternehmer beweisen, daß er Niveau hat und sein Unternehmen eine Identität. Großzügigkeit geht mit Erfolg Hand in Hand. Dabei geht es erst zuletzt um den finanziellen Aufwand. Der nachhaltige Eindruck entsteht durch den persönlichen Einsatz, der nicht eine dienstliche Pflicht in den Vordergrund stellt, sondern die Freude am Zusammentreffen.

Das beste Geschenk an den Gast ist die Präsenz des Gastgebers und seine Zeit. Alles, was er selbst für den Besuch tun kann, sollte er tun und nicht geizig seine wertvollen Minuten oder Stunden zuteilen. Er wird die Kunst der Delegation beherrschen und B-Aufgaben abgeben. Geschäftsbesuch ist Prio A und damit Chefsache.

Der Besprechungsraum

Die Größe des Verhandlungsraumes beeinflußt die Stimmung der Versammelten. »Eng ist gemütlich« — das trifft auf Leute zu, die sich kennen und gut verstehen. Großzügigkeit vermitteln weite, luftige Räume mit wenig Möbeln. Das Image und die Geschäftspolitik Ihrer Firma soll hier optisch präsent sein.

Wo die Arbeitsräume beengt sind, überrascht ein sparsam möbliertes Zimmer, das viel Platz läßt. In modernen Geschäftsräumen erfreut sich das Auge an einem gemütlichen Besprechungsraum mit konservativer Einrichtung, Blumen und Bildern.

Der Mensch verfügt über sensible Sinne, die angeregt werden wollen. Was riechen die Besucher beim Betreten der Räume? Welche Geräusche empfangen sie, welche Farben? Die Fensterdekoration wirkt auf das Gemüt: So vermitteln leichte, gelbe Stoffe den Eindruck von Sonnenschein auch bei bedecktem Wetter. Schwere Vorhänge und auffällige Muster dagegen erdrücken uns optisch.

Leuchtstoffröhren sind eine Plage für Gespräche. Hier sollte nicht gespart werden! Eine wohnliche Lichtatmosphäre mit verschiedenen, im Raum verteilten Lichtquellen erhöht das Wohlbefinden der Anwesenden. Eine dezente Raumdekoration je nach der Jahreszeit schafft zusätzliche emotionale Effekte; da darf noch mehr geboten werden als ein verschämter Adventskranz im Dezember.

Wer sich mit dem Gedanken anfreundet, daß der Besuchs- und Besprechungsraum die gute Stube der Firma ist, wird auch das richtige Gefühl für die Gestaltung bekommen. Er kann das natürlich auch der Sekretärin überlassen.

Die persönliche Betreuung

Kommen die Gäste von auswärts, so klären Sie, wo sie abgeholt werden möchten. Ist Empfang am Bahnhof oder Flugplatz nötig, so sollte eine Person dabei sein, die sich um das Gepäck des Gastes kümmert, wenn damit zu rechnen ist. Es wirkt nicht einladend, mit einem beladenen Ankömmling die gesamte Länge des Stuttgarter Bahnhofs vom Haltepunkt der ersten Klasse bis zum ersten erreichbaren Kofferkuli abzuschreiten.

Und weiter gilt es, dem Gast die ständige Gewißheit zu vermitteln, daß er erwartet und willkommen ist.

Dazu gehört ein kleines Präsent, das er im Hotelzimmer vorfindet, zusammen mit einem Stadtplan. Das Personal in der Firma ist vorbereitet und kann den Besucher mit Namen ansprechen. Das gilt nicht nur für das Sekretariat, auch Mitarbeiter in der Herstellung lassen sich zu besonders gutem Benehmen motivieren, wenn man sie über den Zweck des Besuches informiert und das Ganze etwas spannend macht.

Beim Essen sind Vorbereitungen getroffen, daß einerseits der Gast etwas von der Regionalküche kennenlernt, andererseits nicht Speisen aufgetischt bekommt, die er zum Beispiel aus religiösen Gründen nicht nehmen will. Heute ist es unbedingt erforderlich, sich notfalls auch bei ihm selbst rechtzeitig zu erkundigen, ob er nicht vielleicht Vegetarier ist oder eine Allergie hat. Er wird die Fürsorge zwar fast nicht annehmen wollen, aber insgeheim davon berührt sein.

Für ausländische Besucher stellen Sie deren Landesfähnchen auf den Tisch. In der Fremde werden viele zu Nationalisten.

Pünktlichkeit

Wir dürfen unsere mitteleuropäischen Regeln nicht auf die Besucher aus fremden Ländern übertragen, wenngleich doch ein angepaßtes Verhalten von ihnen zu erwarten sein dürfte. Für uns untereinander gilt folgendes:

Essen beginnen immer zur angegebenen Zeit. Als Gastgeber sind Sie mindestens eine Viertelstunde vorher am Ort; als Gast in einem Privathaushalt niemals früher.

Zu offenen gesellschaftlichen Veranstaltungen wie Bällen, Parties, Empfängen erscheinen die Gäste bis zu einer halben Stunde später. Vorträge werden pünktlich oder etwas früher aufgesucht.

Die Verabschiedung hat spätestens eine halbe Stunde nach der vereinbarten Zeit zu geschehen.

Kleingeld

Wer unterwegs ist, sollte sich Münzen in die Tasche stecken. Nachdem oft mit der Kreditkarte gezahlt wird, vergessen viele, daß sich die Bedienung über ein Trinkgeld in bar freut. Man kann dann darauf verzichten, den Kartenbeleg aufzurunden. Wer als Hotelgast eine Rechnung gegenzeichnet, legt auch ein paar Münzen für gute Leistung dazu.

Die Gesamtrechnung an der Hotelrezeption kann wieder auf dem Kreditkartenbeleg erhöht werden und wandert in den Verteilertopf für das Personal. Wenn Sie hier jemanden speziell bedenken wollen, so geschieht es besser in bar. Wer nicht erhöhen will, muß es nicht.

Taxifahrern nennt man die aufgerundete Summe vor Ausstellung der Quittung, damit sie diese auch eintragen. Kleingeld ist hier nicht angebracht.

Wer in Häuser mit »Bediensteten« eingeladen ist, sollte diese ruhig am eigenen Wohlstand teilhaben lassen, denn ihre Bezahlung ist meist nicht üppig. Das muß nicht unbedingt direkt in die Hand geschehen. Im Privathaus kann man es in der Garderobe liegenlassen, sonst dem Portier oder einem anderen Verantwortlichen zum Weiterleiten geben. Hat man es öfter mit denselben Menschen zu tun, so empfiehlt sich eine größere »Gabe« ohne besonderen Anlaß. Sie fällt mehr auf als das obligatorische Weihnachtskuvert.

Visitenkarten

hat man griffbereit in der äußeren Brusttasche und innen den Kugelschreiber. So kann man schnell jemandem ein Kärtchen mit einer Notiz überreichen, z.B. »Montag 15 Uhr anrufen«. Der andere hat damit etwas Persönliches in der Hand und vergißt nicht, was er sich merken sollte. Damit erweisen sich viele sehr exklusive Kartenschöpfungen aus Plastik oder Silber als unbrauchbar für die Kommunikation. Nur zur Imagepflege benutzt, verfehlen sie ihren besseren Zweck und bleiben ein unpersönlicher Gegenstand.

Wer kontaktfreudig ist, läßt es nicht dabei bewenden. Immer einen zweiten Kugelschreiber dabei zu haben zum Verschenken, kann Freunde machen. Oft ist jemand da, dem gerade einer fehlt. Da es noch Raucher gibt, kann es auch ein Zündholzbriefchen sein, mit dem eigenen Werbeaufdruck natürlich. Die Welt ist voller Menschen, die auf Ihre Bekanntschaft warten.

Zusammenfassend kann gesagt werden, daß auf einen aktiven Menschen viele Gelegenheiten zukommen, für die er nur bereit sein muß. Angenehmes, höfliches Benehmen, klare Botschaften an die Welt und immer ein paar nette Aufmerksamkeiten in den Taschen sind Mittel, sich gute Beziehungen zu schaffen.

Das gelungene Geschäftsessen

Ein Bereich ist in den Benimmbüchern nicht klar genug beschrieben, und das ist ganz klar Körpersprache, nämlich die bei Tisch! Wie soll es denn nun wirklich aussehen, wenn jemand sich in guter Gesellschaft, in einem schönen Restaurant den Freuden der Tafel hingibt?

Nein, es geht nicht darum, einen Hummer oder eine Languste zu knacken, selbst die Forelle kommt nicht immer im natürlichen Körperbau auf den Tisch. Je nachdem, in welchen Kreisen Sie Ihre Geschäfte tätigen, kann es aber am Tisch um den letzten, ausschlaggebenden Punkt gehen. Sind Sie der/die Richtige oder eine andere, ein anderer? Da geht es um den Stallgeruch – wer ihn nicht von Geburt an hat, sollte wenigstens nicht völlig fremd duften.

Unsere gesellschaftliche Crême mußte notgedrungen wesentliche Abstriche machen und einiges an Privilegien abgeben, was sicher sehr schmerzlich war. Aber aus dieser Schicht kann nicht die gesamte wirtschaftliche Führungsschicht rekrutiert werden, wir brauchen zu viele. Noch geben die Ästheten die Standards des guten Benehmens aus. Es liegt an jedem selbst, wie er sich innerlich dazu stellt. Eine Führungskraft wird sich dem nicht entziehen können, was das Kleine Einmaleins des Benehmens genannt wird.

Es ist keine Schande, wenn das Elternhaus nicht für diese Erziehung prädestiniert war. Mit der angestrebten Ausbildung für höhere Positionen verbindet sich dann die eigene Verpflichtung zur Weiterbildung. Da gibt es viele Möglichkeiten. Seminare werden angeboten. Ich würde mich auch nicht scheuen, ein sehr gutes, nicht überlaufenes Lokal zum zeitweiligen Stammsitz zu nehmen und mit einer gutgeschulten Servicekraft das ganze Repertoire durchzuüben. Ich habe noch nie erlebt, daß im Restaurant ein Kellner nicht gern meine detaillierten Fragen beantwortet hätte. Man kann auch mit benimmsicheren Freunden üben gehen oder auch in einer fröhlichen Gruppe.

Wenn häufiger Geschäftsessen auf Sie zukommen, ist es ohnehin nötig, daß Sie alle Lokalitäten, die in Frage kommen, selbst testen. Ein, zwei Stammlokale für die geschätzten Geschäftsfreunde sind nützlich. Wenn man dort bekannt ist, läßt sich vieles besser arrangieren.

Auch bei den routinierten Auswärts-Essern können sich kleine Fehler als Gewohnheit erhalten. Es wird gut sein, ein normales Essen in einem angenehmen Mittelklasse-Restaurant einmal durchzugehen. Sie finden den vollständigen Ablauf anschließend fotografiert und kommentiert.

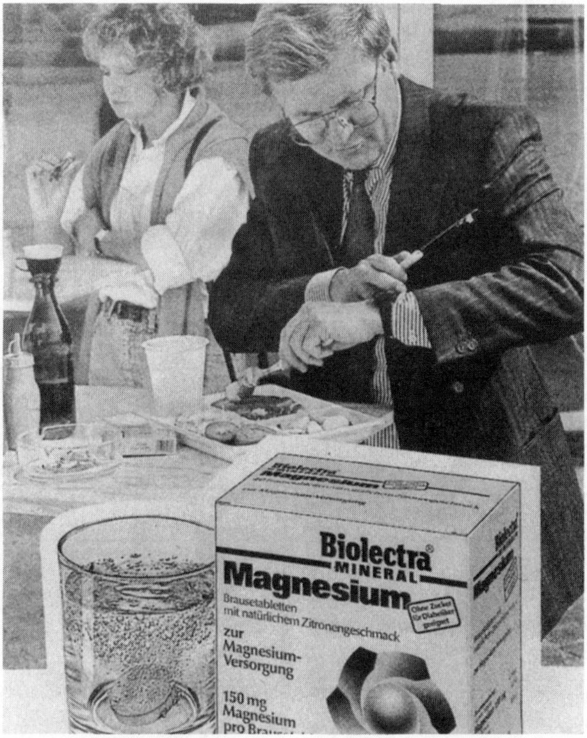

Dieser Herr hat offensichtlich weder sein timing, noch seine Gesundheit, vor allem aber seine Tischsitten nicht im Griff.

Nicht einmal aus Gedankenlosigkeit würde ein guttrainierter Mensch unserer Zivilisation das Messer in der Hand behalten, wenn er etwas anderes tut als essen. (Noch dazu ein bekleckertes Messer!)

Das erwartet den Gast an einer gut gedeckten Tafel: In der Mitte, wo später der Teller für das Hauptgericht oder der Platzteller steht, dekoriert die Serviette. Der Teller links ist für das Brot, darauf liegt das kleine Buttermesser. Oben rechts stehen das Weißweinglas (Mitte) und das bauchigere Rotweinglas links. Ganz rechts ist dem Durstigen schon Wasser serviert worden.

An Menüfolge ist zu erwarten: Suppe, denn der Löffel liegt rechts außen. Es folgt ein Fischbesteck (äußere Gabel links und das stumpfe, geschwungene Messer rechts). Dann wird es Steak geben, denn zur Fleischgabel links liegt rechts das spitze, sehr scharfe Steakmesser.

Die Gläser vom Gegenüber gesehen: links Wasser, Weißwein, Rotwein.

Die Begleitung der jungen Dame freut sich bestimmt über das fröhliche Zuprosten! Aber nicht einmal zu Hause sollte man ein Sektglas oben am Kelch anfassen.

Früher durften Damen nicht selbst zutrinken, nur dem/den Herren dafür danken. Als Chefin wird sie heute Trinksprüche, Danksagungen, Toasts ausbringen müssen. Marion zeigt, wie es gut aussieht: Glas am Stil anfassen und nicht so hoch, daß es das Gesicht verdeckt.

Was macht man, wenn der Gedeckaufbau im Wege ist? Die große Speisekarte hat keinen Platz auf dem Tisch — also erst einmal aufräumen? Das schockiert die Restaurantfachfrau, wenn Gäste entschlossen alles zur Seite schieben.

So ist es richtig.

Auch an der größten Tafel herrscht Klarheit. Die außenliegenden Besteckteile kommen jeweils als nächstes dran.

Hier gibt es vor der Suppe ein »Amuse gueule« (sprich: amüsgöl), das, was die Zunge vergnügt macht, zum Zeitvertreib, bis das Essen beginnt. Dazu ist das kleine Vorspeisenbesteck gedeckt worden.

Das Amuse gueule besteht hier aus einem Stückchen Räucherlachs mit delikatem Sößchen. Die so gesunden Feldsalatblättchen sind nicht angerichtet, also nicht ihrerseits mit einem Dressing versehen, sie sind eine Garnitur.

Offiziell wird die Garnitur nie mitgegessen. Der Wirt müßte annehmen, der Gast sei nicht sattgeworden, wenn er alle Petersilienstengel aufißt. Ob man es übers Herz bringt, die frischen Salatblättchen liegenzulassen, ist eine echte Gewissensfrage.

Wenn Ihnen also gleich nach Ihrer Bestellung so ein kleines Tellerchen serviert wird, sagen Sie nicht: »Das habe ich nicht bestellt!« Es ist eine Aufmerksamkeit des Hauses und kommt nicht auf die Rechnung.

Brot und Brötchen werden nicht wie zu Hause vom Butterfaß aus bestrichen. Man nimmt sich eine Portion Butter auf den eigenen Brotteller, entweder mit dem kleinen Messer, das bei der Butter liegt und dann zurückgelegt wird, oder mit dem eigenen vom Brotteller.

Dann wird vom Brötchen oder der Brotscheibe ein mundgerechtes Stück abgebrochen, mit ein wenig Butter versehen und gegessen. Man erspare den Tischnachbarn den Anblick des suppenverkleckerten abgebissenen Brotes, wie es wieder auf dem Teller landet.

Beim Abschneiden stehen die Gabelzinken nach unten. Manche/r hebt die Gabel dann in derselben Haltung zum Mund. Das ist schwierig zu verwirklichen, und oft fällt etwas herunter.

Man kann durchaus nach dem Abschneiden die Gabel drehen und in »Normallage« benutzen.

Der Mund wird nicht zum Löffel geführt …

… sondern der Löffel zum Mund.
Ganz vorn sehen Sie das Butternäpfchen mit dem zugehörigen Buttermesser.

Es gibt Rindfleisch mit Röstkartoffeln. Dazu ist Rotwein serviert, das Wasser kann so lange dabei bleiben, wie der Gast es wünscht.

Die Schüssel enthält die Kartoffeln. Sie werden mit dem Vorlagenlöffel auf den eigenen Teller befördert.

Aus der Schreckenskammer der Restaurantfachfrau: Das eigene Besteck taucht in die Beilagenschüssel.

Es soll sogar vorgekommen sein, daß einer aus der Schüssel ißt.

»An Guat'n!« heißt's hier wohl. Ein zupackendes Wesen wie Marion muß zeigen, daß sie alles fest im Griff hat.

Wer nicht in der Jugend ständig was auf die Finger bekommen hat, tut sich oft schwer mit dem anmutigen Handhaben des Bestecks. Gerade hier haben wir das Detail, nach dem wir beurteilt werden!

Die Griffe werden elegant und ohne Kraftaufwand gefaßt. Während des Kauens behält man Messer und Gabel in der Hand, aber sie heben sich keine fünf Zentimeter vom Teller.

Das Messer ist kein Schieber, es wird nur leicht gegen die Gabel gehalten. Ein dezentes Abstreifen des Messers an der Gabel ist akzeptabel, es darf aber nicht wie wetzen aussehen.

Praktisch, aber nicht korrekt. Man schüttet nicht die Beilagen aus der Schüssel auf den Teller.

Die Serviette soll unsichtbar auf dem Schoß liegen und nicht dort eingesteckt werden, wo sie zugegebenermaßen Unheil verhüten würde.

Selbst zum Steakschneiden braucht es nicht so viel Kraft. Die Tischnachbarn würden sich bedanken.

Hier ist alles aus der Form geraten.

Besteck ist nicht zur Visualisierung des Gesprächsinhaltes da!

Bevor der Mund sich dem Glas nähert, wird er dezent vom Fett der Speisen befreit.

Zum Wohl! Während der Eßpause liegen Messer und Gabel auf dem eigenen Teller — nicht auf dem Tischtuch, auch nicht mit den Griffen.

Selber nachgießen — auch wenn man es kann — ist nicht korrekt.

Das besorgt der Kellner lieber selbst vorschriftmäßig mit Serviette.

»Kann ich einen Nachschlag haben?« sagen die Bestecke auf dem leergegessenen Teller.

Falls die Bedienung nicht reagiert, heißt es allerdings: »Würden Sie bitte nachlegen!«

»Ich bin fertig, Sie können abräumen«, lautet jetzt das Signal.

Hier ist zum Nachtisch kein neues Getränk bestellt. Wer es verträgt, könnte dazu einen Südwein nehmen.

Nachtisch, der mit dem Löffel bewältigt wird, braucht keine Gabel. Wenn Obststückchen dabei sind, ist die Gabel praktisch.

Marion nimmt zum abschließenden Kaffee einen Cognac und hält das Glas korrekt. Die Tasse hat sie vom kleinen Serviertablett heruntergenommen. Man trinkt Kaffee nicht vom Tablett, es sei denn, der Tisch wäre zu voll.

Ein kleines Suchspiel: Uns ist bei dieser Aufnahme ein Fehler unterlaufen — sehen Sie ihn? Die Lösung finden Sie auf der nächsten Seite.

Hier die barbarische Variante.

Der Fehler heißt: Bevor der Nachtisch serviert wird, kommt alles benutzte Geschirr einschließlich der Serviette vom Tisch. Hier hat sich die Serviette wieder eingestellt, die der Gast zudem nicht in die alten Falten legen sollte.

Zum Schluß noch die letzten nützlichsten Tips für Ihr Business-Lunch:

- Die Ästhetik des Mahles fordert weitgehende Geräuschlosigkeit des Eßvorganges, Harmonie und Eleganz der Bewegungen, passend zum stilvollen Rahmen. Dazu gehört auch die gerade Haltung.
- Man sitzt gerade und hängt sich nicht über den Teller. Die Hände liegen auf dem Tisch, nicht der ganze Unterarm. Die Ellbogen verbleiben am eigenen Körper, auf der Tischplatte sind sie nie zu sehen.
- Die Serviette als Kulturgegenstand ist aus Stoff, die anderen sind aus Papier. Stoffservietten werden nach dem letzten Gang neben den Teller zum Abräumen gelegt, aber nicht wieder zusammengefaltet. Papierservietten kommen auf den Teller.
- Linkshänder sollten, wenn sie es so gewöhnt sind, die Bedienung bitten, die Anordnung umzubauen.
- »Guten Appetit« gilt als familiär und wird in der Öffentlichkeit nicht gesagt.
- Suppenteller werden nicht — weder nach vorn noch nach hinten — geneigt, um den letzten Tropfen auslöffeln zu können.
- Rotwein- und Cognacgläser können zum Wärmen des Inhalts in die volle Hand genommen werden. Getrunken wird mit angefaßtem Stil.
- Zwischen den Gängen wird nicht geraucht. Heute ist es generell besser, die Anwesenden zu fragen, ob es überhaupt recht ist.
- Wird beim Bankett eine Vorlegeplatte von links gereicht, so soll man sich selbst das Essen herunternehmen. Der Teller kommt immer von rechts, von dort wird auch von der Bedienung nachgelegt.
- In manchen Hotels ist ein Business-Lunch als Buffet angerichtet. Von den warmen Speisen bedient sich niemand

selbst, dafür steht Personal zur Verfügung. Beim Dessert-Paradies ist es gemischt. Wenn Personal frei ist, servieren sie es einem, man kann es aber auch allein tun. In der Regel werden die Hauptspeisen auf dem Teller an den Tisch des Gastes gebracht. Er braucht ihn nicht selbst hinzutragen.

8. Der Trick und die Ehrlichkeit

Körpersprache kann in Seminaren gelernt werden. Da drängt sich natürlich die Frage auf, ob es sich hier um eine Erziehung zur Schauspielerei handelt, ob die Natürlichkeit dabei verlorengeht — was jeder halbwegs sensible Mensch merken würde —, und ob das Ganze nicht überhaupt ein Schwindel ist.

Eine Gefahr besteht darin, daß einem Teilnehmer ein Verhalten aufgedrängt wird, das ihm naturwidrig ist. Dies könnte in einer Rednerschule geschehen, wo noch die Gesten an den Rand des Manuskripts geschrieben werden. Das sind uralte Methoden, die heute kaum mehr angewandt werden. Die meisten Schulungen sind bestrebt, die gestischen Möglichkeiten des Einzelnen herauszuarbeiten, gleichsam zu befreien. Denn darin haben die meisten Menschen Probleme: Sie trauen sich einfach nicht, sie wissen nicht, wie sie wirken.

Nonverbale Signale müssen stimmen! Am Anfang des Trainings hat mancher das Gefühl, bei ihm stimmt es nicht mehr. Dieses Phänomen kennt aber auch jeder, der zum ersten Mal auf einem Fahrrad, Rollschuhen oder einem Surfbrett stand. Tage später wurde diese naturwidrige Bewegungsart doch zur eigenen Natur. Genauso können Körpersprache-Signale, vor allem natürlich positive, trainiert werden, ohne die Echtheit zu verlassen. Wer als kühler Norddeutscher nie auf die Idee kam, im Geschäft einen Menschen (fast) zu berühren, ihm mit gebender Geste entgegenzugehen, der fühlt sich zunächst nicht mehr authentisch beim Üben gerade dieser Sympathie-Signale. Indem er sich auch mit dem »Geist« der mitmenschlichen Nähe anfreundet, werden die entsprechenden Gesten echt. Er wird sie nicht anwenden, wenn ihm die Situation zuwider ist, sondern bei empfundener Sympathie, wenn er sich traut.

Dann stimmt wieder alles; das Training hat nur geweckt, was in ihm schlummerte.

Mancher hat Lust an der Darstellung, am Schauspiel, er möchte mehr probieren. Warum nicht? Er wird niemandem schaden. Etwas Dramatik bei einem begabten Verkäufer kann die Kunden bezaubern. Bewußte Kontaktsignale von verantwortungsbewußten Vorgesetzten wirken motivierend. Auch hier handelt es sich nicht darum, sich zu verstellen.

Die Grundeinstellung ist in Ordnung, der Gesprächspartner wird nicht getäuscht und nicht verletzt. Im Sinne einer offenen, positiven Kommunikation wirken zuwendende Gesten lokkernd, freundlich und auch ehrlich.

Ein Phänomen ist dabei zu beobachten: Wer sich selbst so weit zu positiver Gestik befreit hat, daß er sie im Alltag bewußt anwenden kann, erfüllt sich in dem Augenblick mit echten positiven Gefühlen! Man kann kaum eine Gegen-Einstellung zu einem Menschen haben, ihm äußerlich Gutes tun und dabei innerlichen Abstand behalten. Auch hier gilt: innen wie außen. Der eigene Körper lockert sich zur überzeugenden Bewegung hin zum Partner, der Geist vollzieht dasselbe.

Körpersprache-Training ist persönliches Wachsen!

Solange wir uns nicht dieser faszinierenden Kommunikations-Ebene bewußt sind, keine Körper-Botschaften erkennen — es sei denn, sie wären unübersehbar —, gehen wir blind in Gespräche und Verhandlungen. Wir konzentrieren uns auf das Gesagte, mißtrauen den Worten, denken beim Reden anders, als wir die Worte wählen, und strengen uns an, die anderen zu durchschauen. Selten können wir sicher sein, deren wahre Gefühle zu erfahren.

Wenn wir beginnen, die Körpersprache wahrzunehmen, zunächst durch sensible Selbstwahrnehmung, dann durch Beobachtung, werden wir fähiger zu verständnisvoller Kommunikation. Die Gefühlsebene wird spürbar, wir sehen, was zwischen den Partnern geschieht und fangen an, damit umzugehen wie mit den Worten.

Weiter hilft uns das Training der Körpersprache zu besserer Selbstkontrolle. Wer in der Öffentlichkeit lebt, sich im Beruf profiliert und mit der Kritik seiner Mitarbeiter rechnet, wird sich sehr bewußt sein müssen über seine Ausstrahlung. Das Image, die persönliche Wirkung, hängt nur von überzeugenden nonverbalen Signalen ab und auch vom Unterlassen unpassender Botschaften.

Hier zeigt sich die Fähigkeit guter Führungskräfte, mit den Kenntnissen der nonverbalen Kommunikation umzugehen: alles sehen, richtig interpretieren, zielgerecht steuern!

Weiterführende Literatur

Assig, Dorothea: Mut gehört dazu. Information für Frauen, die beruflich selbständig sind oder werden wollen. rororo Sachbuch '87

Commer, Heinz: Stil. Düsseldorf: Econ '90

Commer, Heinz: Knigge International. Düsseldorf: Econ '87

Commer, Heinz: Manager-Knigge. Düsseldorf: Econ 5. '87

Frese, Herbert: Mitarbeiterführung. Würzburg: Vogel '88

Gersbacher, Ursula: KörperRhetorik für eigen-mächtige Frauen. Bonn 2: Verlag Beste Unternehmensführung '89

Gersbacher, Ursula: Körpersprache im Beruf. Außendienst und Verkauf. Heyne Kompaktwissen '91

Gersbacher, Ursula: Körpersprache im Beruf. Das Bewerbungsgespräch. Heyne Kompaktwissen '91

Gersbacher, Ursula: Körpersprache im Beruf. Rhetorik. Heyne Kompaktwissen '91

Hoffmann, Hans-Joachim: Kleidersprache. Berlin: Ullstein '85

Wrede-Grischkat, Rosemarie: Manieren und Karriere. Verhaltensnormen für Führungskräfte. Wiesbaden: Gabler '90

Zaleznik, Abraham: Führen ist besser als managen. Freiburg: Haufe '89